AF236768

# Impressum

Autorin: © 2021, Kochbuchgruppe
„Stolt Oostfresen"
ein Teil der Gruppe
„ Wi sünd Oostfresen un dat mit
Stolt"

Bildrechte

Alle Bildrechte dieses Buches
liegen
bei Siegfried Klock.

Lektorat: Helma Gerjets,
Monika Müller und
Herta Bleeker
Oldenburger Straße 11
26 835 Hesel

Satz und
und
Gestaltung
G & H Reepsholter Verlag
Henning H. Hinrichs
Langstraßer Weg 8
26 446 Reepsholt

Herstellung und Verlag:
BoD - Books on Demand,
Norderstedt

ISBN: 9 783 754 325 902

# Rezepte
# van
# Stolt Oostfresen

## Vorwort vom Gruppengründer Siegfried Klock:

Liebe Leserinnen und Leser

Im Jahr 2010 wurde die die Facebookgruppe „Wi sünd Oostfresen un dat mit Stolt" von mir gegründet. In den fast 10 Jahren ist eine virtuelle Gemeinschaft mit über 16000 Mitgliedern entstanden. Es wurden Gruppen und Projekte unterstützt und angeschoben, z.B.: das Neujahrskucheneisen mit Ostfrieslandwappen und die Neujahrskuchentrommel mit ostfriesischem Prägewappen.

Eine Untergruppe beschäftigt sich mit alten, neuen, ostfriesischen und modernen Rezepten aus aller Welt.

Diese Gruppe „Leckerst un Best van stolt Oostfresen" ist somit die Schwestergruppe der stolzen Ostfriesen.Es entstand die Idee, ein gemeinsames Rezeptbuch zu entwickeln. Hierbei half uns die Tatsache, dass drei Autorinnen der Gruppe, sofort bereit waren, dieses Buch zusammenzustellen. Mit Helma Gerjets, Herta Bleeker und Monika Müller besteht ein Autorenteam mit Erfahrung.

Wir laden euch zum Nachkochen und Backen ein. Besucht uns gerne in den Gruppen und beteiligt euch wie ihr mögt. Wir möchten, dass beide Gruppen weiterwachsen, sich verbreiten und eine virtuelle Plattform für Friesen von überall entsteht.

Ihr erreicht uns auf Facebook:

„Wi sünd Oostfreesen un dat mit Stolt"
oder „ Leckerst un Best van stolt Oostfreesen"

Es ist eine große Gemeinschaft von Menschen, die ostfriesische Traditionen und Gebräuche in den Gruppen pflegen, sowie die plattdeutsche Sprache in Wort und Schrift erhalten.

Im Namen aller Administratoren

Euer Siegfried Klock

Anmerkungen der Autorinnen:
„Rezepte van stolt Oostfresen" ist eine Sammlung aus den Facebookgruppen „Leckerst und Best van stolt Oostfresen" und „Wi sünd Oostfreesen un dat mit Stolt".

Es sind zahlreiche Vorschläge eingegangen. Danke dafür!!

Dazu mussten wir mehrere Sitzungen abhalten um die Rezepte zu sichten und vorzubereiten.

Wir hoffen, dass jeder Leser für sich ein schönes Rezept in diesem Buch findet und die anderen Rezepte den Spaß am Kochen und Backen weiter entwickeln.

Wir haben die Rezepte so übernommen, wie wir diese erhalten haben. Eventuelle Fehler werden euch geschenkt und dürfen gern behalten werden.

Wir danken allen Einsendern für Ihre Mühen und hoffen allen gerecht geworden zu sein.

Eure Autorinnen


Herta Bleeker     Monika Müller     Helma
Gerjets

# Inhalt

# Cornflakes-Butterkuchen

1 B.  Schlagsahne
1 B.  Zucker
¾ B.  Zucker oder Honig
2 B.  Mehl
1 P.  Backpulver
4    Eier
3 El  Milch
180g Butter
3 B.  Cornflakes

Die Schlagsahne halbsteif schlagen, ausgewaschenen Becher als Maß nutzen. 1 Becher Zucker einrieseln lassen, Sahne weiterschlagen. Mehl, Backpulver und dann die Eier nach und nach unterrühren. Auf ein gefettetes Backblech geben.
Bei 200° Ober/Unterhitze auf mittlerer Schiene 10 Minuten vorbacken.
Jetzt die Butter mit dem Zucker oder Honig und drei Esslöffel Milch erwärmen und die Cornflakes dazugeben. Diese Masse auf dem Teig verteilen und nochmals 10 Minuten backen.

Helma Gerjets

# Pizza mit Quark – Öl – Teig

| Teig | als Belag (als Beispiel) |
|---|---|
| 125 g Quark | Salami, |
| 4 El Milch | Kochschinken, |
| 1 Ei | Scampi, |
| 4 El Öl | Tunfisch, |
| 1 Tl Salz | Tomaten, Oliven, |
| Peperoni, | |
| 250 g Mehl | Ananas, Pilze, Zwiebeln, |
| | Paprika, Mais, |
| 1 Backpulver | hartgekochte Eier geriebener Emmentaler oder Cheddar, oder Gouda |

Aus den Teig-Zutaten einen Knetteig bereiten und auf dem gefetteten Backblech ausrollen. Süß oder salzig belegen und bei 200 – 250° C  25 – 30 Min. goldgelb backen.

Mit diesen verschiedenen Belag-Zutaten kann dieser Pizzaboden belegt werden, nachdem er mit Tomatenmark bestrichen ist.

Alles mit Pizzagewürz und etwas Salz würzen.

Zum Schluß mit beliebigen Käse bestreuen.

Auch Fetastücke oder Mozzarella schmecken sehr lecker.

Helma Gerjets

## Geschichte: De Maler kummt

Rieko harr Fidi överreed kregen, ennelk maal dat Treppenhuus to renoveeren. De Maler weer d´r ween to utmeten un Termin afschnacken. De nächst Week schull dat losgohn. De Tapeten wullen se sülvst bidaal rieten. Helga, ehr Dochter, schull ehr helpen.

Rieko un Helga verbrochen en üm anner Stünnen in d´ Flur. Se weren eerst mit Gardensprütz biween un harren de Tapeten mit Sepenwater inwekend. Nu weren se jeder mit en Spachtel an afkraben. Af un to leet sik en grötter Stück afluken. Fitzel för Fitzel puhlen se van de Müren. De beid Froolüü schullen daar düchtig bi.

Do keem Fidi ok noch an: „Gifft dat vandaag gar kien Tee? Dat is al elf Ühr döör! Pott is ok noch nich up Füür!" Do wurr Rieko de Kopp vergrellt: „Du kannst blot an eten un drinken denken. Schullst hier man de Tapeten mit afkraben un binanner maken. En Rull mit schwart Sacken liggt in Waschruum in de middelst Schuuvlaad. Waar de Bessen steiht, wöötst du. Kannst aver eerst Teewater upsetten."

„Dat kookt al glieks." Fidi weer gnutterig. He kunn dat nich good af, wenn dat all so döörnanner weer. He muss sik nu aver fügen. Dat Treppenhuus weer al bestimmt twelf Johr nich mehr streken wurden. Rieko schiel nu noch up en anner Garderoov. Eerstmaal aftöven, wo de Flur mit de neei Tapeten utseeg. Köst ja all en Stang Geld.

Helga un Rieko kraben all Tapeten van de Müren

af. Fidi maak dat binanner. So kunn Maler Menno anner moorn glieks anfangen. Wat maakt de? Fangt as eerst an to Spiekers ruut luken un spachtel de Löcker weer mit Gips dicht.

Waar schullen se nu denn ehr Schlödelbrett un de Biller bi de Trapp anhoch uphangen? De schullen daar doch weer hen. He harr ehr doch woll eben fragen kunnt! De anner Maler harr de Spiekers sitten laten. Nu muss Fidi de Bohrmaschin schwingen. Man lehrt nich ut.

Üm Teetied weren de eerst Bohnen Tapeten al an de Müür. Dat gung d´r fix bilang. En lütten Paus günn de Maler sik un denn gung dat wieder. Rieko harr sik veel Müh geven mit ehr Middagspott. Dat geev Schnitzel, Arven un Wuddels un Kartuffels. As Nadisch reich se denn noch Quarkspeise mit Mandarinen. Middagstünnen fullt ut.

Ruckzuck weer Menno nu klaar un droog sien Warktüüg ruut. Denn meen he to Rieko: „Hier sünd nu noch en ganzen Rull un noch twee anbroken Rullen Tapeten, waar noch allerhand up is. Wullt di nich noch en Rull Tapeten holen. Denn maak ik di dat daar boven ok schier. Mit disse Resten kannst ok nix anfangen." Nu harr he Rieko en Floh in Ohr sett.

„Ik schnack mit Fidi un roop di van Avend an." „Wat wullt du van mi?" Fidi keem mit en knitterig Gesicht un wuschelig Haar van´t Sofa. He harr´t Küssen noch in´t Gesicht. Se vertellen hüm dat glieks. „Un waarüm överleggt ji jo dat nu eerst?" Dat harr ja al bolt klaar ween kunnt." „Denn kaam ik Middeweek namiddag weer un tapezeer jo dat!" versprook Menno. Rieko freu sik. Se kunn denn in

13

Ruh utrümen. Blot schull daar nu noch en nejen Garderoov bi ruut springen?

Rieko maak sik glieks an't rein maken. Anner moorn wullen se de Rull Tapeten kopen. Viellicht kunnen se denn noch bi de Möbelladen lang. Fidi stunn moorns in Flur: „Wat is dat hier mooi lecht wurden. Willt wi würgelk de old Garderoov hier weer rin hangen?" „Nee, Fidi! Willt wi glieks noch eben in de Möbelladen kieken, of de wat passends hebbt?" Tapeten kopen düür nich lang un denn gungen se anner Siet Stroot hen un keken sik na en Garderoov üm.

Rieko un Fidi lepen mitnanner up en dunkeln Schapp mit dree Schuuvladen un passend Kleerhaken un en mooi schlepen Spegel daal. Se bruken nich lang överleggen. De schull 't ween. De Pries stimm ok. Blot wenner levern se de? „De Möbel köönt se glieks mitnehmen. Dat Schapp mööt se in Huus tosamen bouen. Spegel un Kleerhaken kaamt direkt an d´ Müür." Dat kunn Fidi woll as Handwarker.

Rieko sörg nu noch graad för wat in de Middagspott. Denn gung dat na Huus. Se freuen sik beid över ehr neei Möbel. Mitnanner stellen se dat Schapp up un hungen Kleerhaken un Spegel up. „Kiek maal, woveel Bott daar in is! Daar köönt all uns Halsdöök, Mützen un Hanschen in." Dekoreert weer dat Schapp mit en Spitzendeken wurden. Helga beprohl dat düchtig. Ehr gefullt de Garderoov woll. Se freu sik, dat ehr Öllern sik wat Neeis günnen.

Se weer kamen to Tapeten afkraben. Weer füllen sik de schwart Sacken. „Ik wunner mi woveel

Schichten daar up sitt. De Flur is ja glieks en halven Quadraatmeter grötter, wenn de old Tapeten daar bidaal sünd." Anner Dag keem Menno weer mit sien Spachtel, keek allens na un dree enhalv Stünnen later weer boven allens chic un schier.

Nu weer Rieko dran mit Dören un Footliesten afwischen, Fensters putzen un all weer up Stee rümen. Disse Föhrjohrsputz maak Spaaß. Bloot wat weer dat? Up ehr neei Schapp weren all so komisch Musters. Wo schull dat kamen? Dat mooi Schapp! Wat schull Fidi blot seggen? „Helga, kiek eben. Mien neei Schapp! Dat is so komisch utschlaan. Wat is dat? Liggt dat daar an, wiel dat so günstig weer? Wat seggt Papa woll!"

Helga fung luut an to lachen: „Mama, putz dien Brill!" un streek mit flach Hand över dat Schapp. „Dat is reinen Stoff! Dat kannst du so afwischen!"

Wat harr Rieko Nood hat.

Helma Gerjets

15

## Tassengugelhupf (Marmorkuchen)

| | |
|---|---|
| 4 | Eier |
| 1 Tasse | Zucker |
| 1 | Vanillezucker |
| 3 Tasse | Mehl |
| 1 | Backpulver |
| 1 Tasse | Milch |
| ½ Tasse | Öl |
| 1- 2 El | Backkakao |

Die Zutaten ausser dem Backkakao miteinander verrühren. Jetzt 2/3 des Teiges in die gefettete Gugelhupfform füllen.

Jetzt zu dem restlichen Teig den Backkakao geben und unterrühren. Den dunklen Teig auf dem hellen Teig verteilen und einmal mit einer Gabel unterheben, daß sich ein Muster ergibt.

Backen bei Mittelhitze 40 – 45 Min.

Nach dem Backen auf eine Platte stürzen.

Evtl. mit Puderzucker bestreuen.

Helma Gerjets

**Helmas Gröönkohl**
1,5 kg infroren Gröönkohl
1      Schalott
250 g  Buukspeck
250 g  Kassler
4      frisch Wurst
4      Kohlpinkel
4-5 EL Haferflocken
Solt, Peper
Mustard
1-2 EL Margarin

Dat Gröönkohl mit wenig Water, de würfelt Schalott un dat Buukspeck un denn Kassler ungefähr twee Stünnen gaar koken. Nu de Würst upleggen un en poor Eetlepel Hoferflocken daarto geven. Wieder koken laten. Tüschenin de solten Tuffels goren. Nu dat Fleesch un de Wurst up en Plaat anrichten un dat Gröönkohl mit Solt, Peper un Mustard afschmecken. Tosamen mit de Tuffels up Disch kriegen. Daarto passt ok noch inleggt Kürbis.

**Helmas Grünkohl**
1,5 kg TK – Grünkohl
1      Zwiebel
250 g  frischen Bauch
250 g  Kassler
4      frische Würste
4      Kohlpinkel
4-5 El Haferflocken
Salz, Pfeffer
Senf

1-2 El Margarine

Den Grünkohl mit wenig Wasser, der gewürfelten Zwiebel und dem Bauch ca zwei Stunden gar kochen. Jetzt die Würste darauf legen und einige Esslöffel Haferflocken dazu geben. Weiter kochen lassen. Nebenher Salzkartoffeln garen. Jetzt das Fleisch und die Würste auf einer Platte anrichten und den Grünkohl mit Salz, Pfeffer und Senf abschmecken. Etwas Margarine unterrühren. Zusammen mit den Salzkartoffeln servieren. Dazu passen auch eingelegte Kürbis.

**Helmas Heringssalaad**

| | |
|---|---|
| 1 Gl. | Bismarkhergens |
| 2 | Appels |
| 3 | Eier (hartkookt) |
| 3 | kookt rood Beten |
| 1 | Schalott |

Mayonääs
wat Schlagrohm
evtl Solt, Peper

De Hergens afdrapen laten un in mundgroot Stücken schnieden. De Appels good waschen un mit Puul fien würfeln, de Eier pulen un ok in lütt Würfels schnieden. Nu de kookt Rood Beten schielen un würfeln, daarto kummt noch de fienwürfelt Schalott. Nu mit Mayonääs un Schlagrohm verröhren, afschmecken un good döörtrecken laten.

Helma Gerjets

# Helmas Neeijohrskoken

Zutaten:
500g Kandis
¾ l   Water
250g Botter
4     Eier
500g Mehl
1-2 TL Kaneel
2  TL Kardamom
1      Vanillezucker
(1 Tuut ganzen Anis)

Zubereitung:
Kandis in dat Water uplösen un afköhlen. Eier un Botter glatt röhren un afköhlt Kandiswater mit daarto, ok de Gewürzen na Geschmack. Toletzt dat Mehl langsaam togeven un noch soveel afkookt Water nageven, bit  de Deeg anfangt dünnflüssig to werden.
Ik geev de Anis eerst in de tweede Deeghälft.
Nu  in dat heet Neeijohrsiesen Lepel för Lepel backen un mooi uprullen oder to en Taschendook falten. In en good verschloten Döös blieft se lang kross.

Helma Gerjets

# Stöved Buskohl

Van Buskohl deit mien liev so seehr, drum eet ik noit kien Buskohl weer.

| | |
|---|---|
| 1 Kilo | Weißkohl, geputzt, den Strunk entfernt und klein   geschnitten |
| 500g | Mett ( ich nehme Rinderhack ) |
| 1 Kilo | Kartoffeln, geschält |
| | Salz und Pfeffer |

Den geschnittenen Kohl in einen großen Topf geben und etwas Wasser zugeben , das Hack oben drauf legen, mit Salz und Pfeffer würzen und gar kochen lassen.
Kartoffeln wie Salzkartoffeln kochen und stampfen.

Flüssigkeit vom Kohl abgießen, die Kartoffeln unter den Kohl stampfen und gegebenenfalls noch von der Brühe zugeben. Noch mal abschmecken und servieren.
Wir geben immer noch etwas Pfeffer über unsere Portion.

Elke Viet

# Schnitzelpfanne (Für 6 Personen)

| 10-12   | Schweineschnitzel              |
|---------|--------------------------------|
| 500 g   | Kochchinken                    |
| 3-4     | Zwiebeln                       |
| 1 Glas  | Champignons                    |
| 300 g   | Saure Sahne                    |
| 500 g   | Sahne (alternativ 250 g Milch) |

Zum panieren:
Eier
Mehr
Semmelbrösel

Zum würzen:
Salz
Pfeffer
Paprikpulver edelsüß

Benötigt werde eine Auflaufform, eine Pfanne und Alufolie.

Die Schnitzel waschen und trocknen, danach die Schnitzel nach belieben in kleinere Stücke schneiden. Die Schnitzel panieren und in der Pfanne goldgelb ausbacken. Sie müssen nicht komplett dusch sein, da sie im Backofen ja weiter garen. Nach dem Braten die Schnitzel in der Auflaufform verteilen. Die Zwiebeln schälen und in feine Würfel schneiden, den Kochschinken ebenfalls in Würfel schneiden. Den Kochschinken in die Pfanne geben und kurz danach die Zwiebeln dazu geben. Wenn die Zwiebeln glasig sind, alles über den Schnitzeln verteilen. Die Champignons abtropfen lassen und danach in der Auflaufform verteilen. Die saure Sahne mit der Sahne vermischen und ordentlich mit den Gewürzen abschmecken. Die Sauce über die Schnitzel gießen, mit Alufolie abdecken und mindestens 6 Stunden kühl stellen, damit alles gut durch ziehen kann. Den Backofen auf 200 Grad Ober-Unterhitze / Umluft vorheizen, danach auch 18 Grad runterschalten. Die Auflaufform abgedeckt für 90 Minuten in den Backofen schieben. Nach 65 bis 70 Minuten die Alufolie abnehmen und zu Ende garen lassen.

Astrid Reimann

# Tortellini-Salat (für 5 Personen)

Zutaten:

| | |
|---|---|
| 250 g | Tortellini (gefüllt je nach Geschmack) |
| 300 g | Tomaten |
| 1 | Gurke |
| 300 g | Kochschinken |
| 2 | Rote Zwiebeln |
| 250 g | Mayonnaise (ich nehm gern die mit Joghurt darin) |
| 150 g | saure Sahne |
| 1-2 Eßlöffel | Essig (weißer Balsamico schmeckt sehr gut) |
| | Salz, Pfeffer, Paprikapulver je nach Geschmack |

Zubereitung:
Tortellini nach Packungsangaben kochen. Dann abgießen und abkühlen lassen. Die Tomaten ja nach Belieben klein schneiden und in eine Salatschüssel geben.

*Die Gurke* schälen und in kleine Würfel schneiden. Die Zwiebeln schälen und in kleine Würfel schneiden, der Kochschinken wird ebenfalls in kleine Würfel geschnitten. Alles in die Salatschüssel geben. Aus der Mayonnaise, der sauren Sahne und den Gewürzen eine Salatsauce anrühren. Die Sauce in die Salatschüssel geben, die abgekühlte Tortellini dazu geben, alles gut verrühren und abschmecken.

Ca. 1 Stunde kühl stellen, danach noch einmal gut umrühren und gegebenenfalls noch einmal abschmecken.

Astrid Reimann

## Eingelegte Heringe

Zutaten:

| | |
|---|---|
| 1 | Eimer Heringe |
| | Zwiebeln |
| | Gewürzgurken |
| | Äpfel |
| | Salz |
| | Pfeffer |
| 3 Dosen | 10 prozentige Dosenmilch |
| | Lorbeerblatt |

Zubereitung:
Heringe reinigen, gut wässern, entgräten und enthäuten. Kleine Stücke schneiden und in ein Gefäß geben. Geschnittene Zwiebeln, Gewürzgurken und Äpfel zufügen. Lorbeerblatt dazu, Dosenmilch einmengen und mit Salz und Pfeffer abschmecken.

Mindestens 1 Tag ziehen lassen und erneut abschmecken.

Hans Klock

# Snirtjebraa (vör 4 Personen)

| | |
|---|---|
| 1 kg | Snirtje ( Nackenbraa, Buckspeck, Schinken- oder Lachsbraa, Mettwurst, so as ji möögt) |
| | Salt, Pepper |
| | Piment |
| | Ziepels |
| | Lorbeerbladen |
| | Bietje Stärke vör de Stipp |

Dat Snirtje mit Salt, Pepper un Piment good inrieben. Ik misch mi vördem de Gewürzen tosamen un riev dat Fleesk darmit in.

Bietje Öl in Pann ode Bratpott un van all Sieden good un scharp anbraden. De Mettwurst weer rutt nehmen un bi Sied leggen. Ziepels scharp anbraden. Nu dat Fleesk mit Water upfüllen un de Lobeerbladen to geven. Solang schmoren laaten bit dat Fleesk bolt utnanner fallt. (Uppassen dat de Schlachter jo kien ollen Mutt andreiht, de kriegst nicht gar.)
Kört bevör dat Fleeks gar is, de Mettwurst weer dar to geven un noch en lütt Sett mitkoken laaten.

Dat Fleesk rutnehmen un wenn mööt noch mit en bietje Water upfüllen un mit Stärke andicken.

Darto schmecken Tuffels, Roodkohl, Bohnensalaad, Kürbis un Roode Beeten.

Monika Müller

25

# Cappuccinotorte

| Boden: | Füllung: |
|--------|----------|
| 6 Eier | 1 bis 1 ½ Liter Sahne |
| 200 gr Zucker | 5 bis 6 Pkt Sahnesteif |
| 2 Vanillezucker | 5 bis 6 Pkt Vanillezucker |
| 275 gr Mehl | 6 Eßl. Cappuccino Choco |
| 3 Teel. Backpulver | |
| 1 Prise Salz | |

Eier (unbedingt Zimmertemperatur) und eine Prise Salz kurz aufschlagen. Zucker und Vanillezucker zufügen und mindestens 20 - 25 min mit einem Mixer aufschlagen. Mit einer Küchenmaschine etwa eine viertel Stunde. Die Eiermasse muss schön dickflüssig sein. Nun das Mehl und Backpulver mischen und sieben. Löffelweise unter die Eiermasse mischen. Vorsichtig unterheben.
Backofen unbedingt vorheizen. Die Springform ( Größe 26 ) mit Backpapier auslegen und keinesfalls einfetten, sonst fällt der Boden zusammen. Den Teig bei 170 Grad/ Umluft ca 35 min backen. Unbedingt gut auskühlen lassen.

Den Boden zweimal durchschneiden und mit der Cappuccinosahne füllen. Mit Sahnetuffs und Schokobohnen verzieren.
Die Sahne könnt ihr jeweils zu 500 gr aufschlagen und mit 2 oder 3 Eßl. Cappuccino aufschlagen, je nach Geschmack.

Monika Müller

# Bohntjepann

Zutaten:

| | |
|---|---|
| 400 Gramm | Rinderhack |
| 1 Packung | Speckwürfel |
| 3 | Zwiebeln |
| 1 | Paprika |
| 1 | Porreestange |
| 5 | Möhren |
| ½ | Wirsing Kohl |
| 1 Dose | Filetbohnen |

Salz Pfeffer Paprika Margarine Brühe und Wasser

Speckwürfel in Pfanne, kurz anrösten
Gehacktes zugeben und anbraten
Zwiebeln dazu, Gemüse außer Wirsing kleinschneiden und dazugeben.
1 Esslöffel Margarine dazugeben
Mit ca. 150 ml Wasser ablöschen
Mit Salz, Pfeffer, Paprika und Brühe nach Geschmack verfeinern
Deckel schliessen und 10 Minuten dünsten.
Kleingeschnittenen Wirsing Kohl oben aufgeben und ca. 20 Minuten weiterdünsten.
Filetbohnen dazugeben, umrühren und 5 bis 10 Minuten garen.
Noch mal abschmecken eventuell Gewürze zugeben

Waltraut Klock

# Öljeflutten

Bigaven:

| | |
|---|---|
| Twee Pund | Mehl |
| Twee Packje | Dröge Hefe |
| 180 Gramm | Zucker |
| 3/8 Liter | lauwarm Melk |
| 160 | Magarine |
| 6 | Eier |
| 1 | Prise Solt |

So word maakt:
Hefedeek anröhren mit de Bigaven.
Deeg upgaan lorten ca. 1 Std
Achterna mit Etlepel ofsteken un in Öl brun
woorn lorten
Mit Schuum Lepel rutnehmen un in Zucker drein.

Waltraut Klock

# Schnippelbohnen

| | |
|---|---|
| 1 Pfund | Schnippelbohnen. |
| Ca. 500 ml. | Wasser |
| 500 Gramm | Kartoffeln |
| | Frisches Bohnenkraut. |
| | (getrocknetes geht aber auch) |
| 4 | Mettwürste |
| | schwarzer Pfeffer, Salz |

(Nach dem Garen die Bohnen damit abschmecken. Ich streue nach dem Kochen kleingeschnittene Petersilie darüber. Frisch oder
gefroren.

So wird's gemacht:

Die Bohnen werden über Nacht in einen Topf mit
Wasser gelegt.
Am nächsten Tag spüle ich sie in einem Sieb ab.
Gebe sie in einen Topf und bedecke sie mit
frischem Wasser. Darauf kommt das
Bohnenkraut.
Die Kartoffeln schälen, in Würfel schneiden und
auf die Bohnen schichten.
Auf dem Herd aufkochen lassen.
Die Würste, ich nehme frische Mettwurst, ( mit
Räucherwurst werden die Bohnen zu salzig) zum
Schluss drauflegen.
Nun muss alles ca. 50 Minuten bei milder
Temperatur köcheln.
Zwischendurch probieren ob die Bohnen gar sind.
In Ostfriesland werden die Schnippelbohnen oft
durchgestampft. Wir essen sie ganz.

Herta Hinrike Christine Bleeker

# Buttermilchkuchen vom Blech

Teig:
3 Eier
200 g Zucker
¼ l Buttermilch
300 g Mehl

1 PN Backpulver

Belag:
100 g Butter
150 g Zucker
2 Eßl Milch
400 g Mandeln(es gehen auch Nüsse oder Kokosflocken ) oder Pflaumenmus

Die Teigzutaten vermischen und auf Backblech ca 10-15 Min bei 180°C goldgelb backen

Für den Belag von Zucker bis Mandeln alles mischen, aufkochen und über den gebackenen Boden verteilen (Pflaumenmus würde pur am Teig verteilt), dann nochmal 15 min backen

## Hundeleckerli (für Allergie oder Nierenproblemhunde geeignet)

| | |
|---|---|
| 500 g | Reismehl |
| ¼ l | Wasser |
| 3 | Eier |
| 400g | gerieben Käse |
| oder | 250-300 g Leberwurst |

alles vermischen und auf Backblech streichen 20 min auf 180 °C backen,dann rausnehmen und in kleine Stücke schneiden(geht gut mit Pizzaschneider),wieder auf Backblechen verteilen,Ofen mit Löffel etwas offen halten und Leckerli 2-3 Std bei 100°C trocknen

Simone Kühn

# Schlehenlikör

Zutaten:

| | |
|---|---|
| 7 Pfund | Schlehenfrüchte |
| 1 Pfund | Haushaltszucker |
| 1 Pfund | Rohrzucker(braun) |
| 12 | Nelken |
| 2 Päckchen | Vanillezucker |
| 1 Stange | Zimt |
| ½ - 3/4 l | 90 %igen Alkohol |
| 1 Glas | Rum |

Zubereitung:
Die Schlehen werden in einem großen Kochtopf mit 5 Liter kochendem Wasser überbrüht.
Nach 24 Stunden werden die Schlehen abgegossen, das Wasser wird erneut aufgekocht und über die Früchte gegossen. Diese Geschichte wird 3x wiederholt.
Am letzten Tag wird der Saft mit Zucker und den Gewürzen 5 Minuten gekocht. Das ganze abkühlen lassen, den Alkohol + Rum zufügen und abfüllen.

Anmerkung
- die Schlehen müssen Frost mitbekommen; einfach eine Nacht in die Kühltruhe legen ;-)
- es dürfen auch Früchte etwas zerdrückt werden, dann wird es fruchtiger
- die Gewürze in ein Tee-Ei oder Teefilter stecken erleichtert die Arbeit
- da der Alkohol sehr teuer ist kann man sich auch mit Alkohol zum Ansetzen von Fruchttöpfen (z.B.:Gartenmeister Bramsch 69,5% vol) nutzen

Simone Kühn

## Rote Nudeln

2 Mettwürstchen in Scheiben schneiden und anbraten
2 Eßl. Margarine in Topf dazu und 3 grob zerkleinerte Zwiebeln mit andünsten

1 Päckchen Nudeln roh darauf geben
½ Teel Salz, 1 Eßl gekörnte Brühe und 2 Eßl Tomatenmark darauf

mit kaltem Wasser knapp bedeckt auffüllen aufkochen und dann bei kleiner Stufe ca 20 min köchel, noch 15 min ruhen lassen,
DANN ERST UMRÜHREN!!!!!!

Dazu gehört Apfelmus

Simone Kühn

# Buchteln

| | |
|---|---|
| 500g | Dinkelmehl |
| 250ml | Milch |
| 1 Würfel | Hefe |
| | etwas Zucker |
| | Prise Salz |

Aus den Zutaten einen Hefeteig herstellen und diesen zugedeckt 60 Min. gehen lassen.

Dann formst du kleine Kugeln und drückst in jede eine Zwetschge.

Nebeneinander in eine gebutterte Auflaufform geben und nochmal 30 Min. gehen lassen.

Nun bestreicht man die Buchteln mit Ei und bestreut sie mit einer Zimt/Zucker Mischung.

Zuletzt setzt man auf jede Buchtel ein Butterflöckchen.

Bei 160° Ober/Unterhitze 35 Minuten backen.

Mit einer Vanillesauce servieren.

Helga Grünefeld

# Geschichte: Dat Beste, alltied toeerst!

Luise hollt 'n depen Sücht: „Daar steiht sovööl up d' Kaart, man weet gaar nich, wat man nehmen sall." Edith bladert ok van een Sied na't Anner. „Ik nehm de Grillteller", reselveert se un klappt dat Book dicht. „Alltied Grillteller, dat nimmt man doch meesttieds, ik prööv maal de Hackfleesk mit Schaapskees, dat klingt good un dat schient ok nich sovööl to wesen, meest Tied laat ik wat över un dann arger ik mi." Elk hett al en Glas Water vör sük stahn, as se hör Böskupp upgeven.

Twee maal in't Jahr gahnt de beid Froolüü tosamen hen to Eten. Eenmaal laadt Edith hör Fründin Luise in un annermaal is Luise dran mit betahlen. „Du must di nich argern, wenn wat up Teller blifft", seggt Edith, „ik maak dat alltied anners, ik eet immer dat Leckerste un Beste toeerst un wenn ik denn Buug vull hebb un denn daar blot noch een paar dröge Pommes frites up Teller liggen, denn laat ik de liggen un bruuk mi nich argern, dat ik villicht dat smakelk Stückje Fleesk umgahn laten mutt, blot wiel ik mi de dröge Pommes de al rinknooit hebb." „De Gedank is good", freeit Luise sük, „dat maak ik nu ok, wat mögen mien Lü kieken, wenn ik nu immer eerst dat Obst un denn de Boden eet, of villicht eerst de Wust un denn dat Brötchen." Luise un Edith schakern luut dör de „Jugoslawia Grill".

As dat Eten up Tafel kummt, hebben se hör

Glasen al leeg un bestellen nochmaal twee Water. Se wünsken sük „Smakelk Eten!" un griepen na hör Mest un Gabel. „Kiek", seggt Luise, „ik fang gliek mit de lecker utsehnde Zierraat an!" Luise steckt sük de gröön Bohn in Mund un fangt an't kauen. As Edith noch seggen will, dat de gröön Bohn en Peperoni is un seker leep scharp is, is 't al to laat. Luise vertreckt dat Gesicht un löppt puterrood an. Tranen stiegen hör in d' Ogen un kullern bi d' Wangen andahl. Se fangt an't jappen un paddelt mit Arms. Se grippt na hör Waterglas: Man de is ja noch leeg! Se grippt na Edith's Glas: Leeg! Wat maakt se nu? Daar grippt Luise doch glatt na de Blomenvaas, ritt de Nelken rut un hollt sük de Vaas vör d' Mund. Se drinkt doch glattweg dat Blomenwater !!!

Edith schüddelt mit Kopp: „Un ik doch immer, so wat gifft dat blot in 'n Film."

Christa Stumpe

# Bratheringe

Zutaten:

| | |
|---|---|
| 375ml | Bio-Apfelessig |
| 180g | Zucker |
| 525ml | Wasser |
| 1,5 | gestr. Tl. Meersalz |
| 3-4 | Lorbeerblätter |
| 6 | Wacholderbeeren |
| 1,5 Tl | schwarze Pfefferkörner |
| 1,5 El | Fischgewürz von Ostmann |
| 3-5 | große Zwiebeln |
| 20 | frische Heringsfilets |
| | Meersalz |
| 1 Tasse | Mehl und Rapsöl |

Zubereitung:

=> Heringe waschen und auf Küchenpapier trocknen

=> aus Essig, Wasser, Zucker und Gewürzen eine Marinade kochen und abkühlen lassen.

=> Marinade durch ein feines Teesieb filtern, Lorbeerblätter wieder zugeben

=> Zwiebeln halbieren und fein schneiden

=> Zwiebeln in der Marinade aufkochen und ca. 3-5 Min. unter Rühren köcheln lassen

=> Heringe leicht salzen, in Mehl wenden und in reichlich Rapsöl goldbraun braten

=> gebratene Heringeauf Küchenpapier entfetten

=> ausgekühlte Heringe mit ausgekühlter Marinade und Zwiebeln begießen, so dass sie komplettbedeckt sind

=> 1-2 Tage im Kühlschrank ziehen lassen

Heike Malina-Dieter

# Lebkuchen-Kartoffeln

Zutaten:

| | |
|---|---|
| 400 g | Kartoffel-Drillinge (kleine Kartoffeln), halbiert |
| 1 EL | Butter |
| | Rapsöl, Salz, Pfeffer und Paprika zum Würzen |
| | etwas Soßenlebkuchen |

Zubereitung:
Kartoffeln mit den angegebenen Zutaten anmachen und im auf 210 Grad Umluft vorgeheizten Backofen ca. 15 Minuten resch backen. Kartoffeln herausnehmen, einen Esslöffel Butter zugeben und mit geriebenem Soßenlebkuchen bestreuen.

Tipp
Wer keinen Soßenlebkuchen bekommt, kann Lebkuchen- oder Spekulatiusbrösel verwenden

Hartwig R
Blecher

# Aronia – Dreifrucht – Marmelade

Zutaten:

| | |
|---|---|
| 1 kg | Aroniabeeren (Apfelbeere) |
| 1 kg | Blaubeeren |
| 1 kg | Himbeeren |

Die Beeren waschen, gut abtropfen lassen, in einem hohen Topf erwärmen.
Mit dem Pürierstab pürieren.
Das Püree zum Kochen bringen.
Mit 3 Tüten 2:1 Gelierzucker gut verrühren.
Aufkochen und in saubere Gläser füllen.
Gut verschließen und auskühlen lassen.

Alternativ können auch andere Früchte verwendet werden
z. B. Kaktusfeige, Brombeere, Pfirsich, Zwetschge oder nur Aronia.

Früchte wie z. B. Himbeeren macht die Aronia etwas weicher im Geschmack.

Werner Bünting

# Queller/Zeekraal als Beilage

Zutaten für 2 Personen:

| | |
|---|---|
| Ca. 200g | Queller |
| 1/2 | Zwiebel |
| 1 | Knoblauchzehe |
| | etwas Pfeffer |

Zubereitung:
Queller waschen, trocknen und mit Zwiebelwürfeln und Knoblauch kurz anbraten. Ca 5 min. Er soll nicht matschig werden, sondern seinen Biss behalten. Wie lange man anbrät, ist aber Geschmackssache. Mit Pfeffer nach Geschmack würzen, salzig ist er ja von sich aus schon.

Michaela Bohl

# Apfel-Streusel-Kuchen nach Oma's Rezept

Zutaten

| Für den Boden: | Für den Belag: | Streusel: |
|---|---|---|
| 250 g Sanella<br>200 g Zucker<br>350 g Mehl<br>½ Päckchen Backpulver<br>4 Eier | 1 kg Äpfel<br>2 Tüten Vanillezucker<br>etwas Zimt bei Bedarf | 150-200g Sanella<br>150–200g braunen Zucker<br>150–200g Mehl |

Aus den o. g. Zutaten einen Rührteig herstellen und auf einem gefetteten Backblech gleichmäßig verteilen. (ich empfehle ein Fettblech mit Rand)

Den Teig mit Äpfeln belegen. (je nach Saison auch Zwetschgen)

Mit Vanillezucker bestreuen und bei Bedarf mit etwas Zimt. (grade im Herbst/Winter sehr lecker)

Streusel herstellen. Die Mengenangaben nach Geschmack übernehmen. Je mehr Sanella und Zucker desto größer und knuspriger werden sie.

Den Kuchen bei 170 – 175 Grad Umluft ca. 35 Minuten backen bis der Boden goldbraun.

Anja M. Bünting

# Apfelkuchen mit einer Nuss - Marzipan Kruste

für eine 26 cm Form
- -- Boden mit Backpapier auslegen
- -- Rand mit Backspray oder Butter einfetten
- -- 3 kg Äpfel , schälen , entkernen und klein schneiden
- -- Apfelstücke in die Form geben , Form muss gut voll sein

Teig:
- -- 100 g Butter mit
- -- 60 g Zucker schaumig rühren
- -- 3 Eier nach und nach dazu geben und glatt rühren
- -- 170 g Mehl
- -- 60 g Stärkemehl
- -- 1/2 Tüte Backpulver
- -- etwas Zitronenabrieb
- -- etwas Vanillearoma
- -- alles unterheben und zu einem glatten Teig rühren
- -- den Teig auf die Äpfel geben
- -- bei 180 Grad , Ober und Unterhitze im vorgeheizten Ofen ca. 55 Minuten backen
- -- Kuchen im Backofen abkühlen lassen

Nussmasse:
- -- 3 Esslöffel Zucker in einer Pfanne schmelzen lassen
- -- 200 g zerkleinerte Walnüsse dazu geben
- -- 100 Marzipanrohmasse zerkleinern und auch dazu geben
- -- alles anrösten

-- 200 ml Sahne die Nuss-Marzipanmasse ablöschen
-- Kuchen auf eine Patte stürzen ( Äpfel sind jetzt oben )
-- die Nussmasse auf die Äpfel streichen

Mit frisch geschlagene Zimtsahne servieren

Christa Everts

# Krabbensüppchen

Zutaten für 2 Personen als Vorsuppe:
500g            Granat (Krabben) ungepuhlt
500ml         Wasser
1 kleine oder 1/2 grosse Zwiebel
Ca 200ml      Weisswein
Ca 30g         Butter
1-2 El          Mehl
Tomatenmark nach Geschmack
Ein Schuss Sahne oder Milch
Salz, Pfeffer, Curry, 1 Prise Chilipulver

Zubereitung:
Granat puhlen.
Die Schalen mit 500ml Wasser 1/2 bis 1 Std leicht köcheln lassen.

Durch ein feines Sieb geben, Fond auffangen.

In einem Topf Zwiebel mit Tomatenmark und Butter andünsten.
Mehl darüber geben und mit dem Wein und dem Fond eine Mehlschwitze machen.

Ich habe danach püriert, weil ich nicht auf die Zwiebelstücke beißen möchte.

Mit den Gewürzen nach eigenem Geschmack würzen, einen Schuss Milch oder Sahne zugeben und einmal kurz aufkochen.

In Suppentassen den Granat einlegen und mit Suppe auffüllen und genießen.

Michaela Bohl

# Dillhappen

Zutaten:

| | |
|---|---|
| 6 | Matjesfilet |
| 1 | Gewürzgurke |
| 100 ml | Sahne |
| 100 ml | saure Sahne |
| 100 g | Joghurt 1,5 % |
| 1 TL | Zucker |
| 1 Bund | Dill sehr fein hacken |
| | Salz / Pfeffer nach Geschmack |

Zubereitung :

Matjesfilet mit kaltem Wasser abspülen, in Mundgerechte Stücke schneiden.

Gewürzgurke klein würfeln.

Süße Sahne  saure Sahne und Joghurt gut verrühren.
Mit Pfeffer, Salz und Zucker würzen, Dill dazu geben.

Matjesstücke vorsichtig unter die Sahne/Joghurt Masse unterheben und 1 Stunde ziehen lassen.

Dazu reicht man Pellkartoffeln, Bratkartoffeln oder ein kräftiges Bauernbrot.

Christa Everts

# Apfelkuchen wie vom Bäcker

Zutaten:

| Der Teig: | Für die | Für den |
|---|---|---|
| 2 Stk. Eier | Füllung | Guss |
| 230 g Zucker | | |
| 250 g Butter | 1 Glas | 200 g |
| (weich) | Apfelmus | |
| 500 g Mehl | 710g) | Staubzucker |
| 1 Prise Salz | 3 bis 4 Äpfel | |
| 1 Packung | | Nach |
| | | Belieben |
| Backpulver | | Zitronensaft |
| 1 Packung | | |
| | | |
| Vanillezucker | | |

Als Erstes eine Auflaufform (ca.22x30cm) mit Backpapier auslegen und anschließend zur Seite stellen.
Dann das Mehl, zusammen mit dem Salz und dem Backpulver in eine Schüssel geben, und gut vermengen. Danach den Zucker, den Vanillezucker, die Eier und die Butter in Stückchen hinzufügen.

Jetzt die Masse zuerst mit den Knethaken eines Mixers und dann nochmal mit den Händen zu einem glatten Teig verkneten. Den Teig hinterher in zwei gleichgroße Teile teilen, in Frischhaltefolie wickeln und ca. 40 Minuten im Kühlschrank ruhen lassen.

Nun eine Teighälfte direkt in der Form ausrollen /auswalken und dabei einen ca. daumenbreiten Rand an den Wänden hochziehen. Danach den Teigboden

mit einer Gabel mehrmals einstechen und anschließend die Hälfte des Apfelmus darauf verstreichen. Äpfel in kleine Stücke schneiden und lege sie auf eine Schicht Apfelmus, danach den Rest Apfelmus. Parallel den Backofen auf 180°C Ober-/Unterhitze vorheizen.
Als nächstes die zweite Teighälfte leicht mit Mehl bestäuben und in ca. Formgröße auf der Arbeitsfläche auswalken (eventuell etwas zurechtschneiden).

Die Teigplatte nun vorsichtig auf die Apfelmusfüllung legen. Sollte der Teig dabei reißen, oder Falten schlagen etc., ist das nicht weiter tragisch. Einfach mit etwas Teig zusammenflicken, das backt sich dann später im Ofen zusammen.
Die Teigoberfläche nun ebenfalls mehrmals mit einer Gabel einstechen und hinterher im Ofen ca. 30-35 Minuten goldbraun backen. Der Kuchen sollte bis zur Weiterverarbeitung abkühlen.

Für den Guss, den Staubzucker mit etwas Zitronensaft zu einer dickflüssigen und klümpchen freien Sauce anrühren.Zum Schluss den Guss auf dem Kuchen verteilen, glattstreichen und bis zum Verzehr, an einem leicht gekühlten und trocknen Ort trocknen lassen.
Rezept-Tipp
Wer eine noch schönere Oberfläche auf dem Apfelmuskuchen wie vom Bäcker haben möchte, kann auch den Teig mit einem Keksausstecher ausstechen. Der Kuchen schmeckt auch mit Apfelkompott anstatt mit Apfelmus und Äpfeln und schmeckt am nächsten Tag noch besser.

Ramona Redenius

# Ein Rezept – zwei Kuchen - Apfel – oder Marmorkuchen

Grundrezept:     5 Eier
                      2 Kaffeetassen (KT) Zucker
                      4 KT Mehl
                      1 ½ KT Öl
                      1 KT Mineralwasser
                      1 Paket Backpulver

Apfelkuchen :     1 Fl. Bittermandel
                      1 Schuss Rum
                      Äpfel nach Bedarf in Lagen, mit Zimt vermischen
Backzeit 70 Minuten bei 170 Grad

Marmorkuchen:  2 Fl. Bittermandel und 1/3 des Teiges mit Kakao, der Rest ohne
Backzeit 50 Minuten bei 170 Grad

Zubereitung:

Eier und Zucker fünf Minuten schlagen. Mehl. Öl, Mineralwasser und Backpulver nach und nach dazugeben.

Ist der Teig fertig, werden die Zutaten je nach gewünschtem
Kuchen hinzugefügt.

Eine Gugelhupfform einfetten, Teig einfüllen und ab damit in Ofen auf den Rost mittlere Schiene.

Gerlinde Broich

## Geschichte: Tant Frieda`s Nösdrüpp

hach wat moi weer jümmers de Teezeremonie bi Tant Frieda !

Wi kunnen ut uns Kökenfenster luurn to hör lüttjes Insulanerhuus mit de runnen Brunnen un de schwor Betondeckel .

To Teetied schlur se no de Brunnen und schkuv rumpelnd de schwor Betondeckel to Siet! Dor schköp Tant Frieda mit een Emmer dat Regenwoter rut.

Se wer een lüttje, oltmodisch aver heel gepflegte un sporsam Lady. Se weer in mien Oogen jümmers olt, se har een eegen Kopp un besünnere Macken.

In hör Huus weer dat tomeest kold, aver int Stuuv weert kommodig. Dor geev bannig wat för uns Kinner to kieken.

As eerst de moje urolle Klock mit de Meerwiefken ,van mien Urollen! De Glockenschlag weer een helles „PING....PING..." wenn se to vullen Stund schlog, erhob Tant Frieda de Finger un bewech hum dramotisch in Takt daorbie.

Jede Minschke weer still un luur up de Wunneruhr, de mit höör Anwesenheit de Ruum beherrschte.

Denn weern dor noch groode, mit Holt infasst Biller van mien Urgrossollen. Urgrossmoode mit

de wunnerbor Dutt miaden up Kopp ,so as de Wichter dat nu weer trogen...un mien Urgrossvoder mit Prophetenboart, lang und witt.
Un dat olle Ostfriesenkannapee!Dat Sofa weer hogerer as de Dischk. Dor wull keen een sitten ...dor föhl man de Sprungfedern int de Morske.

Am leevsten mok ick de Hörnskohl de to schkukeln weer.
Mien Urgossvoder seet dor jümmers un keek up de Stroot. Ick heev hum bit to mien 4. Lebensjoahr belevt .
He sä jümmer Püppi to mi un ick seet up sien Schkott un he kunn so god vertellen un ick kwöm dorbi drömen.

Ick kann bit vondag  nee vergetten datt he mi versproken har ,mit mi na Nörden to fohrn un een moi Puppenwogen to koopen.

Ick weer düll as hee stürben is un nee sien Verspreken inholln har. As mien Ollen mi sacht bibrochen, dat Opa nu in Heven  spazeert is hebb ick luut blaat:

„Aver he wull   mit mi na Nörden un de Puppenwoagen koopen!" Siet de Tied levde Tant Frieda allennig  int Huus.

Dor stunn ok een moie Ostfreeskenschrank in`t Stuuv un een Obent ,de ördentlich bullerte. De wur bannig infüürt un dorup stunn een grot Treckkessel .

5x an Dog geev dat Tee. De Kann wur up Treckpott dörwarmt un dano mit Teeblattje un een bittje kochend Water dörtruckt. In de Tüschentied hol Tant Frieda lecker Schwattbrot ut Köken und Botter un ok gooden Wattfledderhönnig!

Denn kwem dat goode Natt in de ollen osttfreesken Teetassen dreeviertelvull öber de knisternen dick Kluntje.
Mien Broer un ick seeten al an`t Disch to luuren vör uns Teetass up Tant Friedas Wolkje.

Un nu kummt's !
Tant Frieda har, so lang ick denken kann jümmers Schnöff.
Dorum har se ok olltied so`n schmol Strickschkoal um. Hör hung jümmers een Nösdrüpp ant Nös, dor bleev de Drüpp ok hangen.

Aver in`t warm Stuv fung de Drüpp verdächtig an to wackeln.
Dat dä he besünners bi Schwattbrot mit Hönnig schmeern.
Un denn geev se uns de Teller mit dat lecker Brot!

Wi stierten up de Nösdrüpp ...un Bumms weer de Drüpp up uns lecker Brot.

Dat verdarv de heele Freud. Wi harrn heel keen Schmacht mehr. Wat sall de oll Nösdrüpp up Brot? Keen van uns beid wull dat Brot eten.

Tant Frieda bölk över de heele Hoff no uns Voder dat wi noch blieven mutten. Se weer düll und sett hör Briell up.

Se schkull : West doch blied, dat ji sooo  lecker
Brot etten könnt. Ji sünd so untofree anner Kinner
un Lü weern blied wenn se int Krieg sowat to eten
kreegen harrn.
Ji sünd eenfach verweannt Blagen!

So mussen wi  dat Brot mit de Drüpp ut Nös eten.
Anners harrn wi noch een Mors vull Hau kreegen
van uns Voder.

HARRIJASSESNEE!

Tant Frieda weer denn alltieds nee good up uns to
proten. Nu geev dat ab dor ok kien Tee mehr.

Wi hemm uns alltied nee troot to seggen worum
wi dat lecker Honigbrot nee eeten wulln!

Marieluise Stolper

# Mehlpütt oder Klütje

Zutaten:

| | |
|---|---|
| 500 Gramm | Mehl |
| 1 großes | Ei |
| 40 Gramm frische oder eine Tüte getrocknete Hefe | |
| 1 Esslöffel | Schmalz oder Butter |
| Eine Prise | Zucker und Salz |
| ¼ Liter | warme Milch |

Das Mehl gebe ich in eine große Schüssel. Die Hefe zerbrösele ich in der warmen Milch ( (die trockene Hefe schütte ich direkt über das Mehl) In die Mitte des Mehls drücke ich mit einem Löffel eine Vertiefung und gebe das Milchhefegemisch hinein. An den Rand kommt der Zucker und das Salz. Wenn die Hefemilch Blasen wirft vermische ich sie mit dem Mixer zu einem geschmeidigen Teig.

Damit der Klütje schön dick wird, muss der Teig gehen. Dazu braucht er einen warmen Platz. Mit einem feuchten Tuch abgedeckt stelle ich ihn an die Heizung. Oder in den auf 50 Grad angeheizten Backofen. Wenn er zu seiner doppelten Größe angewachsen ist, erneut durchkneten. Wieder 10 Minuten gehen lassen. Nun darf der Klütje in das Tuch, das ich bereits auf dem Tisch ausgebreitet und mit Zucker bestreut habe.

In einen großen Topf fülle ich einige fingerbreit Wasser. Die Zipfel des Tuches binde ich an den Deckel und hänge den Klütje in den Topf.

Dort muss er jetzt ca. eine Stunde bei milder Hitze garen. Ich reiche dazu Vanillesoße oder Birnenkompott. Reste schmecken mit Butter und Marmelade bestrichen.

Herta Hinrike Christine Bleeker

# Steckrübeneintopf

Zutaten für 4 Personen:

| | |
|---|---|
| 1 Beutel ( 1500 Gramm) | Steckrüben aus der Truhe |
| 2 Esslöffel | Öl |
| 1 | Zwiebel |
| 750 Gramm | Kartoffeln |
| 200 g | geräucherter Speck |
| 4 | frische Mettwürste |
| ¼ Liter | Gemüsebrühe |
| Butter | |

Zubereitung:
Die Zwiebel schälen und in kleine Würfel schneiden.
Das Öl in einem großen Topf erhitzen und die Zwiebel darin anbräunen.

Den Beutel Steckrüben aufschneiden und zu der Zwiebel geben. Alles anschmoren lassen.

Die Mettwürste aus der Umhüllung drücken und zu Kugeln formen.

Die angeschmorten Steckrüben mit der Gemüsebrühe auffüllen.

In einer Pfanne brate ich den in Würfel geschnittenen Speck an und gebe ihn auf das Gemüse. Darauf lege ich die Mettwurstkugeln. Den Deckel schließen und ca. 30 Minuten bei milder Hitze kochen.

Die Kartoffeln koche ich extra und reiche sie mit Buttersoße dazu.

Herta Hinrike Christine Bleeker

# Oma Hannas „Striepte Toort"

Zutaten für den Teig:

| | |
|---|---|
| 300g | Margarine (oder Butter) |
| 300g | Zucker |
| 1 Päckchen | Vanillezucker |
| 5 | Eier |
| 240g | Weizenmehl |
| 60g | Mondamin |
| 1 Teelöffel | Backpulver |
| | (eine Prise Salz) |

Zutaten für die Fruchtschichten:

| | |
|---|---|
| 1 Glas | Johannisbeergelee (rot oder schwarz) |
| 1 Glas | Aprikosenmarmelade |

Zutaten für die Zitronencreme:

| | |
|---|---|
| 125g | Butter (oder Margarine) |
| 125g | Zucker |
| 4 | Eidotter |
| | Schale und Saft von zwei Zitronen |

Zubereitung Böden:
Margarine (oder Butter) schaumig rühren. Zucker und Eier abwechselnd unterrühren. Vanillezucker dazu. Mehl, Mondamin und Backpulver nach und nach unterrühren.
Springform (28cm Durchmesser) einfetten. 3 übervolle Esslöffel Teig in eine Springform geben. Bei 180 Grad Ober- und Unterhitze auf der mittleren Schiene im Ofen 10 Minuten lang backen. Nicht braun werden lassen! Parallel

schon die zweite Springform vorbereiten. Mit einem Tortenstreicher den fertigen Boden lösen und auf Backpapier abkühlen lassen. 8-10 Lagen backen. Alle gut abkühlen lassen.

Zubereitung Zitronencreme:
Butter (oder Margarine) im Wasserbad schmelzen. Zucker, Eidotter, Zitronensaft und Zitronenschalen damit verrühren und im Wasserbad erhitzen (oder langsam zum Kochen bringen). Ständig gut rühren bis es eindickt. Die Creme gut abkühlen lassen.

Wenn alles gut abgekühlt ist (oder am nächsten Tag) die Böden abwechselnd mit den drei Füllungen dünn bestreichen. Mit Folie abdecken und etwas beschweren. 2-3 Tage durchziehen lassen.

Zum Servieren: in der Mitte mit einem Dessertring (6,5cm Durchmesser) ein Herrenstück ausstechen. Schmale Stücke servieren. Das Herrenstück verhindert das Abbrechen der Spitzen der Kuchenstücke.

Praxistipp: Die Springformen mit Auslaufschutz eignen sich am besten, weil sie keinen äußeren Rand haben und man den Boden nach dem Backen besser ablösen kann. Auch eigene sich glatte Springformböden besser als geriffelte.

Kea Ellée

## Birnen Bohnen Speck

Zutaten für 3 Portionen:
| | |
|---|---|
| Ca. 300 bis 400g | geräucherten Speck |
| Ca. 400 bis 600g | grüne Bohnen |
| 3 | Birnen |
| | Kartoffeln |
| | Bohnenkraut |

Den Speck im Ganzen oder in Stücken in Wasser weich kochen. So viel Wasser, dass der Speck gerade bedeckt ist.

Wenn dieser zur Hälfte weich gekocht ist, die grünen Bohnen dazu.

Sind diese halb gar, die Birnen halbiert und entkernt oben auflegen.

Gegen Ende der Garzeit Bohnenkraut dazu geben.

Parallel dazu Salzkartoffeln kochen.

Michaela Bohl

# Schnitzel mit Kartoffelklößen und Mirabellenkompott

Zutaten für 3 Personen:

| | |
|---|---|
| 3 | Schnitzel |
| | Mehl, Paniermehl, Kürbiskerne |
| 2 | Eier |
| 1kg | Kartoffeln |
| 100g | Kartoffelmehl |
| | Salz, Pfeffer, Muskatnuss |
| | Mirabellenkompott oder |
| | Mirabellen eingekocht, am |
| | besten selbstgemacht |

Die Kartoffeln am Vortag kochen und pellen. Am Tag reiben und mit dem Kartoffelmehl, einem Ei und Salz, Pfeffer und Muskat würzen. Mit feuchten Fingern zu Klößen formen. Einen Topf mit Salzwasser aufsetzen. Wenn das Wasser kocht, die Klöße reinlegen. Jetzt nur noch leicht köcheln lassen. Sie sind gar, wenn sie oben schwimmen und sich drehen.

Eine Panierstrasse stellen. Mehl, gequirltes Ei mit einem Schuss Milch, Paniermehl vermischt mit zerstossenen Kürbiskernen. Die Schnitzel leicht plattieren.

Entweder das Fleisch oder eine Station der Panierstrasse mit Salz und Pfeffer würzen.

Die Schnitzel panieren und in einer Pfanne goldbraun braten. Wir essen dazu Mirabellenkompott oder eingekochte Mirabellen. Pflaumen gehen aber auch gut.

Michaela Bohl

# Kasseler überbacken

Zutaten für 4 Personen

| | |
|---|---|
| 700 g | rohes Kasseler |
| 2 Gläser | trockener Weißwein |
| | |
| 2 | Paprikaschoten |
| 1 | Zwiebel |
| 1 | Stange Lauch |
| 250 g | Champignons |
| 1 Esslöffel | Butter |
| 2 Esslöffel | Mehl |
| ½ Tasse | Tomatenmark |
| 100 g | geriebener Emmentaler Käse |
| | Salz, Pfeffer, Majoran, asilikum |
| | Weißbrot, Gemüsebrühe |

Zubereitung

Fleisch mit Paprika in Weißwein dünsten; + im Backofen bei 230 Grad/45 Minuten, ODER + im Schnellkochtopf 35-40 Minuten, danach im Weißwein abkühlen lassen.

Paprika entkernen und in Streifen schneiden und mit gehackter Zwiebel, Lauchringen und Champignons in Butter braten, mit Mehl bestäuben, Tomatenmark und Wein dazugeben, 10 Minuten unter ständigem Rühren kochen, mit Salz, Pfeffer und Gemüsebrühe abschmecken.

Fleisch in Streifen schneiden und in feuerfeste Form legen Gemüse darauf verteilen und mit geriebenem Käse bestreuen, die Form überbacken bis der Käse goldbraun ist. Mit Weißbrot, Weißwein oder Bier servieren.

T. und L. Englert

# Nudelsalat

Zutaten :

| 200 g | Nudeln, ich nehme |
| Gabelspagetti, | |
| 250 g | Kochschinken oder |
| Fleischwurst. | |
| 1 kleines Glas | Senfgurken oder |
| Gewürzgurken, | |
| 1 kleine Dose | Ananas, |
| 2 | Äpfel |

Zutaten für die Sauce:

| 3 Eßl. | Majonaise, |
| 1 Becker | Johurt, |
| 1 Eßl. | Zitronensaft, |
| 1 Eßl. | Ananassaft, |

Salz, Pfeffer, Zucker, Curry

Zubereitung :
Die Nudeln nach Anweisung in Salzwasser kochen und abkühlen lassen.

Schinkenfleischwurst in Würfel schneiden, Gurken, Ananas und Äpfel in mundgerechte Stücke schneiden.

Aus den angegebenen Zutaten die Salatsoße zubereiten.
Nun alles miteinander vermengen und durchziehen lassen.

Elfriede Hippen

# Gemüseeintopf a la Walli

Zutaten:
2 grosse Zwiebeln, 4   Karotten,4 Kartoffeln
2 Paprikaschoten, 2 Stangen Porree, 4 Tomaten
1 grosses  Stück Sellerie, 4 Mettenden
5 Stangen  Staudensellerie, 500 g Suppenfleisch
Lorbeerblatt und Gemüsebrühe (Instant)

Alles Gemüse klein schneiden. Die Tomaten halbieren.
Das Suppenfleisch würzen, kräftig mit den Zwiebeln in einer Pfanne anbraten. Herausnehmen und in einen großen Topf legen. Den Bratensatz mit Wasser ablöschen und zusammen mit Lorbeer und Tomaten zum Fleisch geben. Das Ganze mit 1,5 ltr. Wasser angießen und garköcheln.

Nach Ende der Garzeit das Fleisch herausnehmen und das Lorbeerblatt und die Tomatenhäute aus der Brühe fischen. Jetzt das Gemüse und die kleingeschnittenen Mettenden in die Brühe geben und ca.25 Min. köcheln lassen.

In der Zwischenzeit das Fleisch in kleine Stücke schneiden und zum Schluss zurück in den Eintopf geben.

Bei Bedarf mit Gemüsebrühe nachwürzen.

Sehr gut schmecken Markklösschen oder Klütjes im Eintopf.

Waltraud Meyer

# Aprikosenkuchen mit Mandelstreusel

Zutaten:

| | |
|---|---|
| 125g | Quark |
| 4 EL | Öl |
| 4 EL | Milch |
| 80g | Zucker |
| ½ | Päckchen Backpulver |
| 200g | Mehl |
| 1 Dose | Aprikosen |
| 110g | Mehl |
| 100g | Zucker |
| 90g | Butter |
| 100g | gemahlene Mandeln |
| 1 TL | Zimt |

Zubereitung:
Die Aprikosen abtropfen lassen.

Aus dem Quark, Öl, Zucker, Backpulver, Mehl und der Milch einen Ölteig herstellen, in eine Springform geben und mit der Gabel mehrfach einstechen.

Die Aprikosen nun auf dem Boden verteilen.

Aus den restlichen Zutaten die Streusel kneten und über die Aprikosen verteilen.

Bei 200°C Ober-/Unterhitze ca. 30min backen.

Bitte unbedingt die Stäbchenprobe machen. Der Ölteig kann ab und zu etwas länger brauchen, um gar zu werden.

Melanie Maas

## Geschichte: Elk sien möög

Moder Claudia is an backen west, de halve Dag güstern hett se in Köken stahn, nu fehlt blot noch de Verzierung. Se deit mit en Lepel de Schlagsahn in en Tüüt un denn drückt se de Sahn up de Tort. Dat ergifft en mooi Muster an Kant un as se daarmit klaar is, kann man up de Tort ok noch de Naam Jannes un en dicken 2 lesen.

Jannes hett vandaag Gebuursdag, de lüttje Keerlke word 2 Jahr old. Moder hett en grode Möhlentort backt, de egentlik en Aard Philadelphiatort is. De Möhlentort heet Möhlentort, wiel de Oma van Claudia, Oma Carla, disse Philadelphiatort alltied vör de Möhlenkring backen de. För disse Möhlentort was Oma Carla berühmt un nu is Moder Claudia bekannt daarvör. Elke Gebuursdag deit se de Tort nu backen. Oma, Opa, Uropa un de Unkels un Tanten eten de för hör Leven geern. Man de Kinner kriegen up Gebuursdag alltied lüttje extra Tortjes, de deit Moder kopen, dat sünd so lüttje Torten mit Marzipanbiller de up, exta mit Motive för Kinner. „För de Kinner is dat en bietje mehr för d' Oog", meent Moder. Vör twee Weken eerst hett Jannes sien grode Süster Gebuursdag hat, ok do gaff dat Tort, Möhlentort natürelk un as Kinnertort harr Lina, de 4 worden is, sük en Lilifee-Tort un en Hello-Kitty-Tort utsöcht. Lina was Füür un Flamm van de Torten west un de Kinner harren de good in eten. Bi Lina up Gebuursdag wassen en paar Kinnergaarnkinner west un vanddag komen bi

Jannes en paar Frünnen ut sien Krabbelgruppe. Jannes hett sük ok twee Tortjes utsöken dürst. Jannes hett sük för en Benjamin-Blümchen-Tort un en Bob-der-Baumeister-Tort entscheddt.

De Gasten sünd daar un Jannes is düchtig an Geschenken utpacken west. Nu sitten all an Tafel, elk kricht en Stück Tort. Oma, Opa un al Anverwandten langen na Moders lecker Möhlentort. De Kinner hollen sük an de Kinnertorten. Een will van de Bob-der-Baumeister-Tort un de anner will lever van de Benjamin-Blümchen-Tort. Blot Lina steiht mit 'n düll Gesicht daartegen. „Wat is mit di, mien Wicht?", fraggt Oma Tina. „Magst du denn gaar kien Stück Tort?" „Nein", Lina stammt mit Foot up Grund, „ich mag keine Bob-der-Baumeister-Torte und auch keine Benjamin-Blümchen-Torte." Se haalt deep Aam un kickt noch düller, se wiest mit Finger up Moders Tort: „Und diesen Mutterkuchen dort, den mag ich auch nicht!"

Christa Stumpe

# Blätterteig-Pizza-Schnecken

Zutaten:

| | |
|---|---|
| 2 | Packungen Blätterteig aus der Kühltheke |
| 250g | Quark |
| 8 TL | Tomatenmark |
| 2 Packungen | geriebenen Käse |
| 1 Paket | Salami |
| 1 Paket | Kochschinken |
| | Salz, Pfeffer, Oregano |

Zubereitung:

Den Quark mit dem Tomatenmark vermengen. Mit Oregano, Salz und Pfeffer würzen und abschmecken.

Den Blätterteig ausbreiten und mit der Quarkmasse bestreichen.

Den Kochschinken und die Salami in Viertel schneiden und den Blätterteig damit belegen.

Den geriebenen Käse nun darüber verteilen.

Den Blätterteig von der langen Seite her vorsichtig aufrollen und mit einem scharfen Messer in ca. 1,5cm dicke Scheiben schneiden.

Diese Stücke auf ein mit Backpapier ausgelegtes Backblech legen und nach Belieben mit etwas Oregano und geriebenen Käse bestreuen.

Bei 200°C ca. 12min goldbraun backen.

Melanie Maas

# Cremiger Tzatziki

Zutaten:

| | |
|---|---|
| 200g | Frischkäse |
| 250g | Quark |
| 50g | Sahne |
| 3 Zehen | Knoblauch |
| 3EL | 8-Kräuter TK |
| | Salz und Pfeffer |

Zubereitung:

Den Frischkäse und den Quark miteinander vermengen.
Mit der Sahne nun die gewünschte Cremigkeit herstellen.
Die Kräuter, den Salz und den Pfeffer hinzufügen und gut vermengen.

Den Knoblauch schälen, fein würfeln und durch eine Knoblauchpresse in die Masse geben. Gut verrühren.

Für den optimalen Geschmack am besten über Nacht im Kühlschrank ziehen lassen.

Melanie Maas

## „Feuerwehrkuchen"

Zutaten:
200g Mehl, 1 EL Zucker
100g Zucker      110g Mehl
100g Margarine  1 TL  Zimt
1 Päckchen Sahnefest, 1 Ei, 1 Msp. Backpulver
100g Zucker 2 Gläser  Sauerkirschen
90g Butter, 250ml Kirschsaft, 1 Päckchen
Vanillepudding, 2 Becher Schlagsahne
100g gemahlene Mandeln

Zubereitung:
Aus dem Mehl, Zucker, der Margarine, dem Ei und
Backpulver einen Teig herstellen und in eine
Springform geben.

Die Kirschen derweil abtropfen lassen und den
Saft unbedingt auffangen. Den Kirschsaft
aufkochen, mit dem Zucker und dem
Puddingpulver vermengen und andicken lassen.
Die Kirschen hinzugeben, gut vermischen und auf
den Boden verteilen.

Aus den restlichen Zutaten nun Streusel kneten
und auf die Kirschmasse geben.  Nun bei 150°C
Umluft oder 175°C Ober-/ Unterhitze ca. 50-60min
backen.

Ist der Kuchen ordentlich ausgekühlt, die Sahne
mit dem Sahnefest steif schlagen, auf dem
Kuchen verteilen und mit dem Zimt bestreuen.

Melanie Mass

# Holunderblüten- Joghurttorte

Zutaten:

| | |
|---|---|
| 7 | Holunderblüten |
| 250g | Zucker |
| 250ml | Wasser |
| 125g | Butter |
| 150g | Butterkekse |
| 8 Blatt | Gelatine |
| 500g | Joghurt |
| 4 EL | Zitronensaft |
| 200g | Sahne |

Zubereitung:
Die Holunderblüten vorsichtig waschen.

Den Zucker in 250ml Wasser auflösen (aufkochen) und anschließend abkühlen lassen. Den so entstandenen Sirup mindestens 4 Std ziehen lassen.

Die Butter schmelzen.

Die Butterkekse in einem Beutel klein hacken (ich benutze dazu einen Stampfer).

Die zerlassene Butter nun mit den Keksen vermengen und auf dem Boden einer Springform verteilen.

Den hergestellten Sirup durch ein feines Tuch sieben.

Den Joghurt, 200ml Sirup und den Zitronensaft miteinander vermengen.

6 Blatt Gelatine nach Packungsanweisung auflösen, anschließend mit der Joghurtmasse vermengen.

Die Joghurtmasse für ca. 1 Std im Kühlschrank andicken lassen.
Die Sahne steif schlagen und vorsichtig unter die Joghurtmasse heben.

Diese Masse nun auf dem Boden verteilen und kühl stellen (ca. 2 Std). Den restlichen Sirup erwärmen, die letzten zwei Blatt Gelatine nach Packungsanweisung auflösen und unter den Sirup vorsichtig mischen.

Dieses Gemisch etwas runterkühlen lassen.

Den Guss zum Abschluss ganz vorsichtig über die Joghurt-Sahnemasse geben.

Die Torte muss nun für mind. 4 Std im Kühlschrank ordentlich fest werden.

Melanie Maas

# Käse-Hackbraten im Blätterteig

Zutaten:

| | | | |
|---|---|---|---|
| 750g | Hackfleisch | 2 | Eier |
| 1 | altes Brötchen | 1 | Zwiebel |
| 200g | geriebener Käse | 1 | Paprika |

1 Packung Blätterteig aus der Kühltheke
1 Ei        zum Bestreichen
            Salz, Pfeffer, Muskat

Zubereitung:

Die Zwiebel und Paprika in feine Würfel schneiden.
Das Hackfleisch mit dem eingeweichten (und ausgedrückten) Brötchen, der gewürfelten Zwiebel und Paprika und den Gewürzen ordentlich vermengen.
Den Blätterteig auslegen.
Die Hackmasse auf dem Blätterteig zu einem Laib formen und den Blätterteig nun einrollen.
Den Blätterteig mit dem verquirlten Ei bestreichen.
Bei 200°C ca. 45-60min goldbraun backen.

Melanie Maas

# Low Carb Big Mac Rolle

Zutaten:

| | |
|---|---|
| 250g | Quark |
| ½ Packung | geriebener Käse |
| 3 | Eier |
| 2 TL | Ketchup |
| 1 TL | Senf |
| 2 EL | Naturjoghurt |
| 250g | Hackfleisch (Rind oder Halb-Halb) |
| 3 Scheiben | Sandwichkäse |
| 3 Gurken | (saure Gurken, Cornichons, etc.) |
| | Salat, Tomaten |

Zubereitung:

Aus dem Quark, dem geriebenen Käse und den Eiern eine Masse herstellen, auf ein mit Backpapier ausgelegtes Backblech legen und bei 180°C 20min backen.

Den Salat, die Tomaten und die Gurken nach Belieben zurecht schneiden (in Würfel, Streifen, etc.).

Den Ketchup, Senf und Joghurt miteinander vermengen und auf den noch heißen Boden verteilen (nicht alles).

Das Hackfleisch anbraten, mit Salz und Pfeffer würzen und auf den Boden verteilen.

Das klein geschnittene Gemüse und den Scheibenkäse nun darüber verteilen.

Zum Schluss die restliche Soße auf alle Zutaten geben und nun alles vorsichtig alles zu einer Rolle zusammen-rollen.

Melanie Maas

# Multivitamin-Kuchen

Zutaten:
4 Eier, 250g Frischkäse, 4 EL Wasser, 50g Stärkemehl,135g Zucker, 1 TL Backpulver
100g Mehl, 1 Becher Sahne, 1 Prise Salz, 500g Quark, 1 Dose Pfirsiche, 500ml Multivitamin-Saft
1 Tüte Puddingpulver Vanille, 5 EL Zucker

Zubereitung:

Die Eier trennen, das Eiweiß steif schlagen. Die Eigelbe mit Wasser, dem Zucker und Salz schaumig schlagen. Mehl, Stärkemehl und Backpulver sieben und vorsichtig unterheben. Nun den Eischnee löffelweise unterheben.

Den Teig auf ein (gefettetes oder mit Backpapier ausgelegtes) Backblech verstreichen und bei 180°C ca. 10-15min backen. Den Quark, Frischkäse und Zucker miteinander vermengen. Die Sahne steif schlagen und unter die Quarkmasse heben. Die Pfirsiche in kleine Stücke schneiden und auf den ausgekühlten Teil legen. Anschließend die Quarkmasse darüber verteilen. Den Multivitamin-Saft aufkochen, mit dem Puddingpulver anrühren. Ist der Saft auf Zimmertemperatur herabgekühlt, kann der Saft auf dem Kuchen verteilt werden.

Nach Möglichkeit im Kühlschrank kaltstellen bis zum Verzehr.

Melanie Maas

# Spargel-Kartoffel-Auflauf

Zutaten:
500g weißer Spargel, 1 EL Butter
400g Kartoffeln, 1 Prise Zucker,
100g Kochschinken, 1 TL Butter, 250ml Spargel-Wasser, 1 EL Mehl, 50ml Weißwein, ½ TL Brühe
60g Bergkäse, 75ml Kondensmilch
Salz, Pfeffer, Muskat

Zubereitung:
Den Spargel schälen, in Salzwasser mit dem Zucker und der Butter bissfest kochen.
Die Kartoffeln mit Schale kochen, anschließend pellen und in Scheiben schneiden. Den Kochschinken in Würfel schneiden.
Die Kartoffeln auf den Boden einer Auflaufform verteilen.
Nun den Spargel darüber verteilen.
Den Kochschinken ebenfalls darüber verteilen.
Die Butter zerlassen, das Mehl hinzufügen, kurz anschwitzen. Mit dem Weißwein und dem Spargelwasser aufgießen. Die Kondensmilch und die Brühe untermischen und kurz köcheln lassen.
Den in kleine Stückchen geschnittenen Bergkäse dazumengen und schmelzen lassen.
Abschmecken mit Salz, Pfeffer und Muskat.
Die Soße über den Kochschinken verteilen.
Bei 200°C ca. 30-40min backen lassen.

Melanie Maas

# Spiegeleier-Kuchen

Zutaten:
250g Butter,     ½ Päckchen Backpulver
200g Zucker     1 Päckchen Vanillezucker
250g Mehl , 2 Päckchen Puddingpulver, 4 Eier,
2 Päckchen Vanillezucker, 750ml  Milch, 2
Päckchen Tortenguss klar, 3 Becher Schmand
2 Dosen Aprikosen

Zubereitung:
Aus der Butter, dem Zucker, Mehl, den Eiern, dem Backpulver und Vanillezucker einen geschmeidigen Rührteig herstellen.

Den Teil auf ein (gefettetes oder mit Backpapier ausgelegtes) Backblech verteilen und bei 175°C ca. 15min backen.

Die Aprikosen abtropfen lassen und den Saft auffangen.
Aus der Milch, dem Puddingpulver und dem Vanillezucker einen Pudding kochen und abkühlen lassen. Anschließend den Schmand unterrühren und die Masse auf dem Boden verteilen. Die Aprikosen nun auf die Schmand-Puddingmasse verteilen (mit der Wölbung nach oben).

Den Saft der Aprikosen mit Wasser auffüllen (500ml Gesamtvolumen) und nach Anleitung mit dem Tortengusspulver den Tortenguss herstellen.

Den Guss direkt über den Kuchen verteilen und auskühlen lassen.                    Melanie Maas

# Superschnelle Pizzabrötchen

Zutaten:

| | |
|---|---|
| 200g | Kochschinken |
| 200g | Salami |
| 200g | Champignons |
| 200g | rote Paprika |
| 200ml | Sahne |
| 200g | geriebener Käse |
| | Pizzagewürz |
| 8 | Aufbackbrötchen (es gehen auch die Fertigbrötchen aus dem Discounter) |

Zubereitung:
Den Schinken, die Salami, die Pilze und die Paprika in Würfel schneiden.

Nun alle restlichen Zutaten miteinander vermengen.

Die Brötchen halbieren und mit der Masse belegen.

Die Brötchenhälften nun auf ein Backblech legen und bei 200°C ca. 15min backen.

Melanie Maas

# Buchweizenpfannkuchen mit Speck und Sirup

Zutaten für ca. 4 Pfannkuchen ( 28cm Pfanne)

| | |
|---|---|
| 100g. | Weizenmehl |
| 150g | Buchweizenmehl |
| 3 | Eier |
| 200ml | Milch |
| 200ml | schwarzen Tee |
| 1Tel. | Salz |
| 100g. | Speck ( in dünnen Streifen) |
| | Bratfett |
| | Zuckerrübensirup |

Zubereitung:
Mehl, Eier, Milch, Tee und Salz zu einer Masse verrühren und 10 Minuten quellen lassen.

Pfanne mit viel Bratfett erhitzen und den Teig mit einer Suppenkelle dünn eingießen. Die Speckstücke darauf verteilen und mit Teig dünn bedecken.

Warten bis der Teig gestockt ist und dann den Pfannkuchen vorsichtig umdrehen.

Von beiden Seiten schön gold-braun ausbraten.

Vorsichtig auf einen großen Teller legen und mit Zuckerrübensirup essen.

Wer keinen Sirup mag kann auch Marmelade nehmen!

Margarete Köster

# Gemüsepuffer mit Apfelmus

Zutaten:

| | |
|---|---|
| 4 | Möhren |
| 1 | kleine Zucchini |
| 4-5 | mittelgroße Kartoffeln |
| 1 | kleine Zwiebel |
| 1 | Apfel ( am besten Boskop) |
| 2 | Eier |
| 250g | Quark |
| 4 Esslöffel | Haferflocken |
| 3 Esslöffel | Mehl |
| Ein halber Teelöffel | Salz |
| | Bratfett zum ausbacken |
| | Apfelmus |

Zubereitung:
Die Möhren, Zucchini, Kartoffeln und den Apfel mit einer Reibe fein raspeln. ( Geht auch mit einer Küchenmaschine) Die Zwiebel klein hacken

Die Eier, den Quark, die Haferflocken, das Mehl und Salz vermengen und das geraspelte Gemüse dazu geben. Das ganze einige Minuten quellen lassen.

Bratfett in einer Pfanne erhitzen und mit einen großen Esslöffel kleine Haufen der Masse geben und etwas platt drücken. ( passen ca 3 Stück in eine 28er Pfanne)

Schon knusprig bei mittlere Hitze von beiden Seiten braten. Dazu Apfelmuss reichen.

Margarete Köster

# Bergische Waffeln

Zutaten für Waffelbacken für Feste u.Ä., für eine Familie reicht 1/3 bis 1/2 Rezept aus

| | |
|---|---|
| 250g | Margarine oder Butter |
| 200g | Zucker |
| 4 | Eier |
| 1/2 TL. | Salz |
| 2-3 P. | Vanillezucker oder 1Tl Vanille-Extrakt) |
| 2Tl | Zitronensaft |
| 1-2 El | Rum |
| 1/4 L | Milch |
| 1 L    Wasser, evtl. ein Teil davon Mineralwasser | |
| 1 kg | Mehl Typ 550 |
| 1 gestrichener TL | Backpulver |

Zubereitung:
Einen Rührteig zubereiten, bei Verwendung von Mineralwasser dieses zum Schluss nur kurz unterrühren.

Werden statt der knusprigen weiche Waffeln gewünscht, einen Teil des Wassers durch Milch ersetzen.

Waffeln im Waffeleisen frisch auf Stufe 3-4 ausbacken und servieren.

Aufeinander gestapelte Waffeln werden weich.

Wer möchte bestreut die Waffeln mit Puderzucker (dann im Teig weniger Zucker nehmen) oder genießt sie mit Sahne und heißen, eingedickten Kirschen.

Karin Schmidt

# Heringssalat

Zutaten :

| | |
|---|---|
| 3 | Matjesfilets , |
| 60 g | Kochschinken, |
| 1 | Gewürzgurke, |
| 1 | Boskop-Apfel (geschält), |
| 175 g | gekochte Kartoffeln, |
| 2 | hartgekochte Eier, |
| 125 g | rote Beete (kann aus dem Glas sein ) |

,

| | |
|---|---|
| 2 Eßl. | Majonaise, |
| 1 Becher | saure Sahne, |
| 3 Eßl. | Essig, |
| 1 Teel. | Zucker, |
| 1/2 Teel. | Pfeffer, |
| 1/2 Teel. | Salz, |
| 1 | Zwiebel (feingeschnitten) |

Zubereitung :

Alle Zutaten in mundgerechte Stücke schneiden, die Soße bereiten und mit den Zutaten vermischen, mindestens einen Tag im Kühlschrank ziehen lassen. Vor dem Servieren noch einmal abschmecken.

Der Salat wird bei uns sehr gerne gegessen, ich mach immer mindestens das doppelte Rezept.

Elfriede Hippen

# Pfeffernüsse

Zutaten:

| | |
|---|---|
| 300 g | Butter |
| 1 kg | Mehl |
| 400 g | Zucker |
| 1 Pk. | Lebkuchengewürz |
| 2 Tl. | gem. Anis |
| 1 Tl. | Kardamom |
| 1 Tl. | gem. Nelken |
| 1 Paket | Hirschhornsalz |

Zubereitung :

Hirschhornsalz mit 300 ml Wasser
halbe Stunde ziehen lassen.

Restliche Zutaten zugeben.
Kleine Häufchen aufs Backblech geben und bei
180 Grad ca. 10 Minuten backen lassen.

Gerlinde Reiter

# Dicke Bohnen

Zutaten für 2 bis 3 Portionen:

| | |
|---|---|
| 2 | Scheiben durchwachsenen Speck |
| ½ l | Gemüsebrühe |
| 1 | Glas dicke Bohnen |
| 2-3 | kleingeschnittene Möhren |
| 1 | Zwiebel |
| 1 St. | Butter |
| | kleingeschnittene Petersilie |
| | Salz, Pfeffer |

Man nehme durchwachsenen Speck (evtl. leicht geräuchert) und koche den in der Gemüsebrühe fast gar.

Dann ein Glas dicke Bohnen rein und eine Handvoll kleingeschnittene Möhren drauf. Schäle eine Zwiebel und koche sie mit, kann man auch würfeln. Einen Teil Petersilie mitkochen den anderen Teil später drüber streuen. Durch den Speck und die Brühe ist es meistens salzig genug, sonst noch Mal mit Salz und Pfeffer abschmecken und ein Stück Butter unterrühren. Mit Salzkartoffeln anrichten.

Beate Kruse

# Mehlpüüt für die Mikrowelle

| | |
|---|---|
| 500g | Mehl |
| ¼ l | lauwarmes Wasser oder Milch |
| 1 | Trockenhefe |
| 1 flachen Esslöffel | Zucker |
| 2 | Eier |
| 1 | Pr. Salz |
| 2 – 3 | Eßl. Öl |

Mehl in eine Schüssel geben, Trockenhefe, Zucker, Wasser oder Milch, Eier, Salz und Öl darüber geben und mit den Knethaken vom Mixer verrühren.

Hefeteig arbeiten und 35 Min. gehen lassen. Nochmal tüchtig durchkneten.

In eine Mikrowellenschüssel mit Deckel geben und noch Mal 30 Min gehen lassen. Dann mit Deckel in die Mikrowelle stellen und bei 800 W etwa 9 Min backen, bei 700 W ca. 8 Min backen. (Garprobe mit Holzspieß).

Einen Moment stehen lassen und dann stürzen. Mit Birnenkompott oder Vanillesoße anrichten.

Beate Kruse

# Neujahrskuchen (Rezept von meiner Oma)

Zutaten:

| | |
|---|---|
| 1 kg | Mehl |
| 400g | Kandis |
| 4 | Eier |
| 3 | Kaffeelöffel Zimt |
| 1 | P. Kardamom |
| 2 | Teelöffel Muskatblüte |
| 2 | P. Vanillezucker |
| 350g | flüssige Butter |
| 1 Pck. | oder nach Geschmack Anis, ganz oder gemahlen |
| 2 l | Wasser |

Zubereitung:

2 l Wasser kochen und abkühlen lassen

Den Kandis in einem halben Liter Wasser auflösen und auch abkühlen lassen.

Dann Mehl, Eier, Kandiswasser und alle Gewürze gut verrühren. Zum Schluss die flüssige Butter unterrühren.

Wenn´s geht, über Nacht stehen lassen.

Mit dem abgekochten Wasser so aufrühren, dass ein schöner Teig, etwa so wie Vanillesoße für das Waffeleisen  entsteht.

Beate Kruse

# Bauernfrühstück

Zutaten:

| | | |
|---|---|---|
| 800 | Gramm | festkochende Kartoffeln |
| 100 | Gramm | gekochter Schinken |
| 50 | Gramm | geräucherter Speck |
| 2 | mittelgroße | Zwiebeln |
| 2 | Esslöffel | ÖL |
| 4 | | große Eier |
| 4 | Esslöffel | Milch |
| | | Pfeffer, Salz, Petersilie |
| 1 | Päckchen | Feta |

Zubereitung:
Die Kartoffeln waschen. In Salzwasser in ca. 30 Minuten gar kochen. Abkühlen lassen. In Scheiben schneiden.

Den Schinken und den Speck würfeln. Die Zwiebeln häuten und in dünne Scheiben schneiden. Das Öl erhitzen. Zuerst den Schinken und den Speck anbräunen. Dann die Kartoffelscheiben dazugeben und anbraten.

Die Eier aufschlagen und mit der Milch verquirlen. Den Feta in kleine Stücke schneiden und in die Eiermasse geben.

Mit Salz!!! vorsichtig abschmecken, da der Schinken und der Feta schon recht salzig sind, und Pfeffer abschmecken.
Die Eier-Feta Masse auf den Kartoffeln verteilen und bei milder Hitze stocken lassen.

Zum Schluß die Petersilie darüberstreuen

Herta Hinrike Christine Bleeker

## Grootheider Stipp

Zutaten:

| | | |
|---|---|---|
| 500 | Gramm | Zwiebeln |
| 50 | Gramm | Fett ( ich nehme Margarine) |
| 50 | Gramm | Mehl |
| ½ | Liter | Wasser |
| | | Pfeffer und Salz |

Zubereitung:
Die Zwiebeln häuten und in dünne Ringe schneiden.
Das Fett in einer großen Pfanne zerlassen und die Zwiebeln darin anbräunen.

Das Wasser zugeben und aufkochen lassen.
Das Mehl in etwas Wasser anrühren und das Zwiebelgemisch damit andicken.

Aufkochen lassen und mit Pfeffer und Salz kräftig abschmecken.

Dazu gibt es Pellkartoffeln und Salat.

Herta Hinrike Christine Bleeker

# Eier in Senfsoße

Zutaten:

| | | |
|---|---|---|
| 800 | Gramm | Kartoffeln, schälen und in Salzwasser garen. |
| 8 | | gekochte Eier |
| 5 | Esslöffel | milder Senf |
| 50 | Gramm | Dinkel-oder Weizenmehl |
| 50 | Gramm | Margarine |
| 3/4 | Liter | Wasser |
| 1/8 | Liter | Sahne |
| 1 | Prise | Zucker |
| 1 | Esslöffel | Essig |
| | | Salz, Pfeffer, Petersilie |

Zubereitung:

Die Margarine in einem Topf schmelzen lassen. Das Mehl hinzugeben und anschwitzen. Nach und nach unter Rühren, soviel Wasser hinzugeben bis eine sämige Soße entstanden ist.

Den Senf unterrühren und mit Salz, Zucker, Essig und weißem Pfeffer süß-sauer abschmecken.

Die Sahne dazugeben und die Petersilie darüber streuen.

Die gekochten Eier pellen und in die Soße geben. Salzkartoffeln dazu reichen.

Das Gericht schmeckt gut mit Möhren-, grüne Bohnen-, oder Gurkensalat.

Herta Hinrike Christine Bleeker

# Grüner Bohnensalat

Zutaten:

| | |
|---|---|
| 250 | Gramm grüne Bohnen, In Salzwasser garen und gut abtropfen lassen. |
| 1 | Zwiebel |
| | Salz, Pfeffer, |
| 1 Priese | Zucker |
| 2 Esslöffel | Essig. |
| 2 Esslöffel | Öl |

Zubereitung:

Die Zwiebel häuten und in feine Würfel schneiden. Aus dem Essig, Öl, Zucker, Salz und Pfeffer eine Marinade herstellen und über die Bohnen geben.

Manche essen den Salat mit **Mayonnaise**

Zutaten:

| | | |
|---|---|---|
| 3 | | Eigelb |
| ¼ | Liter | Öl |
| 1 | Teelöffel | milder Senf |
| 1 | Esslöffel | Essig |
| Je ein Teelöffel | | Zucker und Salz. |

Zubereitung:

Das Eigelb in ein hohes Rührgefäß geben. Senf, Zucker, Essig und Salz hinzugeben und mit einem Mixer schaumig schlagen Nach und nach unter rühren das Öl hinzugeben bis eine cremige Masse entstanden ist.

Die Mayonnaise ist sehr bekömmlich und kann vielfältig verwendet werden.

Herta Hinrike Christine Bleeker

# Gurkensalat

Zutaten:
| | |
|---|---|
| 1 | große Gurke oder 2 kleine |
| 2 | süß-sauer eingelegte Gurken |
| 1 | Zwiebel |
| 3 | Esslöffel Essig |
| 3 | Esslöffel Öl |
| | Zucker, Salz, Pfeffer und Petersilie |

Zubereitung:
Die Gurken schälen und in dünne Scheiben hobeln.
In eine Schüssel geben.
Die eingelegten Gurken in Würfel schneiden
Die Zwiebel häuten und hacken.

Aus Essig, Öl, Zucker, Salz und Pfeffer eine würzige Marinade zubereiten. Über die Gurken geben.
Mit Petersilie bestreuen.

Herta Hinrike Christine Bleeker

# Erbsensuppe

Zutaten:
250   Gramm grüne Erbsen ( über Nacht in einem Liter kaltem Wasser einweichen)
150   Gramm Schinken.1 große Stange Porree
2 große Möhren, 200 Gramm Kartoffeln,
1 Zwiebel, 2 Esslöffel Öl, Salz, Pfeffer und Petersilie, 4 Wiener Würstchen

Zubereitung:
Die eingeweichten Erbsen unter kaltem Wasser in einem Sieb abspülen. Den Porree schneiden und gründlich waschen. Die Möhren schälen und in Würfel schneiden.
Die Zwiebeln häuten und in dünne Scheiben schneiden. Kartoffeln waschen, schälen und in Würfel schneiden.

Das Öl in einem großen Topf erhitzen und das Gemüse darin andünsten. Zum Schluss die Erbsen hinzugeben und mit einem Liter heißem Wasser, ( das Gemüse muss reichlich damit bedeckt sein), auffüllen.

Mit Salz und Pfeffer abschmecken.

Den Deckel schließen und 45 Minuten bei mittlerer Hitze garen. Ab und zu umrühren damit die Suppe nicht anbrennt.

Zum Schluss abschmecken und die in Scheiben geschnittenen Würstchen hineingeben, Mit der Petersilie bestreuen.

Herta Hinrike Christine Bleeker

# Gemüsepfanne

Zutaten:

| | |
|---|---|
| 1 | rote, grüne und gelbe Paprika |
| 1 | große Zuccini |
| 1 | Zwiebel |
| 1 Dose | rote oder weiße Bohnen |
| 3 | Tomaten |
| 2 Esslöffel | Öl |
| 1 Päckchen | Feta |
| 4 | Eier |
| 250 Gramm | Dinkelnudeln |

Zubereitung:
Die Paprika gründlich waschen. Zerteilen und das Kerngehäuse entfernen. In dünne Scheiben schneiden.

Die Zuccini waschen, und mit der Schale in Würfel schneiden.

Die Zwiebel häuten, und in dünne Scheiben schneiden.
Ebenso die Tomaten.

Das Öl in einer großen Pfanne erhitzen und das Gemüse darin andünsten.
Mit Salz und Peffer abschmecken.
Den Feta würfeln und dazugeben.

Die Eier und die Nudeln kochen.

Ich reiche sie zu der Gemüsepfanne dazu.

Herta Hinrike Christine Bleeker

# Oostfresentorte

14 Tage bevor man die Torte backt, Branntwein mit Rosinen ansetzen. ( Rezept steht hinten auf der Flasche vom Branntwein)

Tortenboden:

| | | |
|---|---|---|
| 6 | | Eier ( Zimmertemperatur) |
| 215 g | | Zucker, 2  Pkt  Vanillezucker |
| 275g | | Mehl, 2 ½  Teel. Backpulver |
| 1 | Pr. | Salz |

Eier, Salz und Zucker schaumig schlagen, mindestens 15 min. Mehl und Backpulver mischen und vorsichtig unter die Eiermasse heben. Bei 160 Grad ca. 40 min backen. Garprobe machen.

Füllung:
Eingelegte Rosinen
1 ½ Liter Sahne

Den Tortenboden zweimal waagerecht durschneiden. Den ersten Boden mit ca. 6 Eßlöffel der Flüssigkeit von den Branntweinrosinen (Kinnertön) tränken. Eine dünne Schicht Sahne auftragen und die Branntweinrosinen etwas eindrücken. Nun noch eine Schicht Sahne auftragen. Genauso mit dem zweiten Boden handeln. Den dritten Boden drauflegen und mit Sahne bestreichen. Mit der restlichen Sahne die Torte verzieren und geniessen.

Monika Müller

# Wurstmaschinekuchen

Zutaten:
| 1 kg | Mehl |
| 500 g | Kartoffelmehl |
| 500 g | Puderzucker |
| 1 Pkt | Backpulver |
| 1 kg | geschmolzene Butter |

Nach Geschmack Zitronenaroma, Backöl
Rumaroma oder Buttervanille

Zutaten vermengen und im Kühlschrank stellen.
Wenn der Teig gekühlt ist durch eine
Wurstmaschine drehen und die Kuchen auf ein
Backblech legen.
Backen: 190 Grad
             10 bis 15 min. auf mittlerer Schiene

Monika Müller

# Nudelsalat

| 250 g | Nudeln z.B. Spirelli |
| 400 g | Erbsen |
| 5 saure | Gurken |
| 200 g | Fleischwurst |
| 1 Dose | Mandarinen |
| 1 kl. | Glas Miracle Wip |
|  | Pfeffer und Salz |

Alle Zutaten vermischen und mit die Mayonnaise
vorsichtig unterheben

Monika Müller

# Philadelphia – Kirschkuchen

| 1 | Tüte Löffelbiskuit |
|---|---|
| 125 g | Butter |

Löffelbiskuit zerkleinern und mit 125 g weiche Butter verrühren.
Auf den Boden einer Springform verteilen und andrücken.

| 300g | Philadelphiakäse |
|---|---|
| 2 – 3 | Eßl. Milch |
| 100 g | gehackte Nüsse |
| ½ ltr. | Sahne |
| 1 Pkt. | Vanillezucker |
| 1 Pkt. | Sahnesteif |
| 1 Glas | Kirschen |
| 1 Tasse | Puderzucker |
| 1 Pkt | Tortenguss |

Philadelphiakäse mit 1 Tasse Puderzucker und Milch verrühren und auf die Buiskuitmasse verteilen. Gehackte Nüsse darüber streuen. Sahne mit Sahnesteif und Vanillezucker steif schlagen und auf die Philadelphiamasse verteilen. Kirschen gut abtropfen lassen und in die Sahne drücken. Kirschsaft mit 1 Pkt Tortenguss aufkochen und über den Kuchen giessen. Im Kühlschrank kalt stellen.

Monika Müller

# Rosinenstut

| 250g | Quark |
|------|-------|
| 250g | Mehl |
| 3 El | Öl |
| 3 | Eier |
| 1 | Packung Backpulver |
| 250g | Rosinen oder Cranberries |
| | evtl Succade, Mandelstifte |
| | Butter |

Alle Zutaten ausser der Butter gründlich miteinander verkneten und in eine gut gefettete Kastenform füllen. Obenauf Butterflöckchen setzen.
Backen bei 180° - 200° 60 Min

Helma Gerjets

# Grünkohlsalat

| 2 – 3 | Blätter frischen Grünkohl |
|-------|---------------------------|
| 1 – 2 | Äpfel, 1 Granatapfel, Salz und Pfeffer |
| 1 El | Zucker, 4 El Holunderessig oder |

anderen milden Essig, 4 El Öl

Grünkohl waschen und von den Stielen befreien. Grünkohl sehr fein schneiden. Mit Salz, Pfeffer und Zucker bestreuen und kräftig durchkneten. Apfel in kleine Würfel schneiden und die Granatapfelkerne auslösen. Den Granatapfel vorher rundherum gut klopfen. Granatapfelkörner, Apfelwürfel und Essig unter den Grünkohl mischen und durchziehen lassen.
Vor dem Servieren Öl zugeben.

Helma Gerjets

## Snirtje – Braten einmal anders

| 300 g | Schweinehals, 300 g  Schulterbraten |
|---|---|
| 200 g | frischen Schweinebauch in ½ cm dicken Scheiben |
| 500 g | Zwiebeln, Salz, Pfeffer |
| 50 g | Schmalz,4  Wacholderbeeren |
| 800ml | Rinderbrühe, 2 Eßl Mehl, 100 ml |

Sahne, Zahnstocher

Fleisch in größere Stücke schneiden und mit Salz und Pfeffer einreiben.

Zwiebeln schälen und in dünne Scheiben schneiden. 1 Scheibe Schweinebauch dünn mit Zwiebelscheiben belegen und 1 Stück Fleisch darin einwickeln. Alles mit einem Zahnstocher verschließen. Solange wiederholen bis das ganze Fleisch verarbeitet ist. Schmalz in einem Topf erhitzen und die Zwiebelscheiben anbraten. Zwiebeln dann in eine Schüssel füllen.Im gleichen Topf  das Fleisch rundherum scharf anbraten.
Dann die Wacholderbeeren, Zwiebelscheiben und Rinderbrühe über die Fleischstücke gießen.Alles noch mal mit Salz und Pfeffer würzen. Das Fleisch 80 – 90 Minuten   schmoren. Sahne und Mehl verrühren.
Fleisch in eine Schüssel legen. Die Sosse  mit der Sahne binden und gut aufkochen lassen. Über das Fleisch gießen.

Helma Gerjets

# Speckendicken

Zutaten für 6 Personen
| | |
|---|---|
| 500 g | Roggenmehl |
| 250 g | Weizenschrot |
| 125 g | Sirup |
| 100 g | Zucker |
| ½ P | Anis gem. |
| ½ P | Kardamom gem |
| 3 | Eier |
| 400 ml | Milch |
| 125 g | Schmalz |
| | Salz, Öl, Wattwürmer |

Sirup, Zucker, Schmalz und Milch auf ca 50° erwärmen.
Mehl, Anis, Kardamom und Salz mischen.
Eier aufschlagen und alles zu einem Rührteig verarbeiten. Über Nacht quellen lassen, eventuell noch etwas Flüssigkeit unterarbeiten.

Die Wattwürmer in sehr dünne Scheiben schneiden.

Ein Waffeleisen erhitzen, einfetten und 1 Eßl Wattwürmer und 1 Eßl Waffelteig in das Waffeleisen geben. Zusamenklappen und goldbraun backen. Zum auskühlen auf ein Kuchengitter legen.

Diese Speckendicken schmecken auch als Beilage zu einer Suppe oder zum Salat.

Helma Gerjets

## Kollen Schnut

Opa sien Geburtsdag stunn an. Uns Oma wull Kook backen. Erst en feinen Bottercremetorte un denn noch de kolle Schnut. Bit Baker harr se noch en Plaat Appelkook bestellt. De Lüü, de komen, sullen good wat up Teller hebben. Pastoor harr sük ok anmeld, denn noch Stück of wat Navers, Kinner un Enkelkinner, dat weer meenig en de dar kweem.

Ji fraagt jo nu seker wat de kolle Schnut is. Dat is lecker avers leep sööt un de hett gewaltig Kalorien. Wat Lüü seggt dar ok Kalter Hund an. De word mit Schokolaa un Botterkeks mokt. Fett kummt dar ok noch in.

Ik muss mit Rad na`t Koopmann jückeln un Kakao, Botterkeks un Palmin holen. „Na, willt ji kolle Schnut backen," froog de Koopmann. „Jo, Opa hett Geburstdag un Oma will backen." „Denn komm ik möörn to probeeren," segg de Koopmann. He hett mi de Saken binanner söcht un ik dürs mi noch wat ut de Bontjedöös nehmen. Mit mien Inkoop bün ik weer na Huus hen fohren. Oma harr de Cremetort al klar. De stunn al in `t Keller to köhlen. De Förm för de kolle Schnut harr se utleggt mit Botterbrotpapier. Mien Broer satt in Sofa un slickde de Pott mit de Rest van de Bottercreme ut. Tüschenin kunnst hum rülpsen hörn. Dar weer doch temelk vööl Fett in. Um sien Muul rum wass Deeg, Fingers un Kleer weren ok vull. „Wat büst du en old Schwien, goh he nun makt dien Mund un Hanen schoon!" schull Oma.

Se wull nu de kolle Schnut maken. Palmin un Kakao harr se al torecht. De kweem nu schichtwies mit de Botterkeks in de Förm. Solang bit de Förm vull weer. Wi hungen mit Koppen up Tafel un keken Oma to, wo se dat maken de.

„Noch en Schicht? Denn blievt ja nix mehr van de Schokolaa över!" meende mien Broer. „Du kriggst Lievpien wenn du all man wech van de Deeg slickern deihst. Dat geiht nich good." Oma harr Sörg dat he Buckpien kreeg.

Mien Broer wull avers nich hören. He harr sück al de Pott grepen un slicker de Resten dar ruut. Dat dürs ok nich lang un mien Broer fung an to jaueln. „Oma, ik bün heel komisch togang. Ik glööv ik mööt mi breken." He weer heel witt in`t Gesicht. Ik hebb mi dat docht, dat dat nich good geiht!" reep se. „Du hest sülms schuld. Gah na Buten an`t friske Luft, vielicht helpt dat." He wuur al witte um Nöös. „ Oma, de kotzt di hier futt in`t Köken! Futt is dat sowiet," segg mien Süster. Se harr dat noch gar nich to End seggt, do kweem mit Schwung de kolle Schnut ut de Mag van mien Broer ruut. He kunn noch nett de Pott griepen wor de Schokolaa inwest harr. In Gulpen flog dat weer ruut. Oma schull mit hüm: „Dat hest du nu daarvan." Mien Broer keek hör an, hull de Pott unner Omas Nöös uns seggt:" Wenn du wullt kannst dat weer kriegen. Ik bün nu satt."

Monika Müller

# Kalter Hund  (Speckkook)

250 g Palmin
180 g Zucker
100 g Backkakao
3       Eier
1 Buddel  Rumaroma

1 – 2 Pkt. Botterkeks

Dat Palmin utlaten. De anner Todaten mitnanner verröhren. Nu dat Palmin ünnerröhren.
En Kastenförm mit Pergament utkleden. As ünnerste Schicht Keksen rin leggen, daarup en Schicht Schokokrem verdelen usw bit de Krem verdeelt is. Dissen Schichtkook afköhlen laten un denn ut de Förm lösen.

Monika Müller

# Dutch Oven Schichtfleisch

Zubereitung:  Arbeitszeit: ca. 40 Min. / Koch-/Backzeit: ca. 3 Std. Ruhezeit: ca. 1 Tag

Für einen 6 Liter Dutch Oven benötigt ihr 3,5 Kilo Nackensteaks, 3 Gemüsezwiebeln und 3 Paprikaschoten. 400 Gr. Bacon und BBQ Sauce.

Am Vortag den Schweinenacken in ca. 1 cm dicke Scheiben schneiden. Evtl. vorhandenen Knochen auslösen. Die Scheiben nach Wunsch mit Senf und dem Rub einreiben, da muss man nicht sparsam sein. Danach das Fleisch gut verpackt über Nacht in den Kühlschrank legen.

Die Zwiebeln und die Paprikaschoten in etwa 0,5 cm dicke Scheiben schneiden. Den Boden des Dutch Oven ordentlich mit dem Bacon auslegen. Nicht alles verwenden, es kommt noch ein "Deckel" drauf.

Den Topf am besten auf die Seite legen, das erleichtert die Schichtung. Abwechselnd Schicht für Schicht Fleisch, Zwiebeln und Paprika einlegen. Den Topf wieder hinstellen und ordentlich BBQ-Sauce drübergeben. Zuoberst den übrigen Bacon im Schachbrettmuster auslegen; dieser Teil wird besonders knusprig.

Nun kann der Oven befeuert werden. Bei einem 4 Liter Topf nehme ich 7 Briketts unten und 14 Briketts auf den Deckel. Hat euer Topf eine andere Größe kann man grob kann vom Verhältnis 1/3

Briketts unten und 2/3 Briketts oben ausgehen. Nach etwa 10 Minuten sollte man schon ein deutliches Blubbern aus dem Topf hören. Manche nehmen schon nach 2 Stunden den Topf vom Feuer, ich persönlich lasse das Schichtfleisch bis zu 3 Stunden drauf. Das Fleisch wird dann nochmal zarter.

Jörg Strenge

# Dutch Oven Hähnchen Cordon Bleu

Zutaten:

| | |
|---|---|
| Ca 2KG | Hühnerbrustfilets |
| 4 | Gemüsezwiebeln |
| 500 gr | Scheibenkäse am Besten Mittelalter Gouda |
| 500 gr | Kochschinken in Scheiben |
| Ein wenig | BBQ Sauce |

Als Rub Hähnchengewürz, das was ihr am liebsten mögt

Kochzeit ca 1,5 Stunden

Das Hähnchenbrustfilet halbieren und ordentlich würzen.

Anschliessend den Dutch schrägstellen, damit das Fleisch besser geschichtet werden kann.

Auf den Boden ein paar Zwiebeln verteilen, und dann abwechselnd eine Schicht Hähnchenbrust, eine Schicht Kochschinken Halbgefaltet und eine Schicht Käse. Und das so weiter bis der Dutch komplett gefüllt ist.

Zum Schluss noch die restlichen Zwiebeln oben auf das ganze.

Den Dutch wieder gerade hinstellen, und ein wenig BBQ Sauce über das ganze verteilen.

Den 6L Dutch mit 27 Holzkohlenbriketts bestücken. 18 oben, 9 Stück unten

Jörg Strenge

## Dat Kult-Mengsel – Hermann

De traditionelle Hermann-Regel is vandaag nett so as domaals: Mit een Deel backen, een Deel sülvst wieder plegen, twee Delen mit Anwiesen verschenken, daarmit ok anner Lüü hör Bliedskupp an Hermann hebben!

## Hermann-Rezept:

Mengsel ansetten:
In een Kumme, de man sluten kann un waar ruugweg 1,5 l inpassen dönt (nich ut Metall),
100 g Mehl,
25 g Zucker
un ½ Packje dröög Gest
dörnannerröhren.
150 ml lauwarm Water debi doon un mit en holten Lepel glatt röhren. Kumme dicht maken un dat Mengsel twee Dag bi Kamertemperatur rüsten laten. Daarna blubbert dat Mengsel un ruckt licht suur. Denn word dat Tied, dat he in de Köhlschapp kummt. Daar blifft he twee Dag un word elke Dag umröhrt. Denn geiht dat mit dat Foren un Plegen los!

Mengsel foren un plegen:

An 1. Dag word de Hermann-Mengsel foort:
Daarför 100 g Mehl,
150 g Zucker
un 150 ml Melk bi de Deeg geven un alls good verröhren.

Von 2. bit 4. Dag elke Dag eenmaal umröhren.

An de 5. Dag word Hermann weer foort:

Daarför 100 g Mehl,
150 g Zucker un 150 ml Melk bi de Deeg geven
un alls good verröhren.
Van de 6. bit 9. Dag weer düchtig dörröhren.

An 10. Dag de Hermann-Deeg in 4 gliek groot
Portionen delen. Ut je en Portion kann man en
Kook of Brood backen. De anner Portionen
verschenkt man tosamen mit de Anwies an
Frünnen, of fangt sülvst weer bi Dag 1. mit dat
Foren un Plegen an.

Bi recht Pleeg hollt he sük bold en Ewigheid.
Bedüdend is, dat he in en sloten Pott in
Köhlschapp upburgen word un stüttig foort word,
so dat de Melksuurbakterien erhollen blieven. Ok
sall man blot Kummen un Lepels ut Holt, Glas of
Kunststoff bruken un nooit ut Metall, dat mögen
de Bakterien nich. En gode Mengsel is en bietje
flüssig un ruckt licht na Geste. Ok en blubbern an
de Bovenkaant is en Teken daarför, dat dat de
Deeg good geiht. Hett man maal kien Tied to
backen of wiedertoverschenken, kann de Deeg
of ok das Grundrezept geern bit to 3 Maant
infroren worden. Daarna eenfach in Köhlschapp
updeihen un weer mit dat Foren anfangen.

**Hermann-Kook:**

Ovend up 180 Grad Boven- un Unnerhitz
vörbötten. 1 Portion Hermann-Deeg (ca. 200 g),
200 g Mehl, 100 g Zucker, 200 ml Melk, 100 ml
Öl, 3 Eier, 1 Packje Vanillezucker, 1 Spier Solt, 2

TL Backpulver un entweder 100 g mahlen Nöten of Mandeln, Rosinen of Zuckerlaaknibbels to 'n gladd Deeg verröhren. In en ingesmeert Kastenförm doon. In de upgeböttde Ovend so ruugweg 55 Minüten backen. Even nakieken, of he gaar is.

## Hermann-Brood:

1 Portion van de Hermann-Deeg,
250 g Mehl,
250 g Weitenvullkoornmehl,
300 ml lauwarm Water,
½ TL Solt,
1 Packje dröög Gest to 'n gladd Deeg verröhren.

Denn ofdecken un 2 Stünnen gahn laten.
Ovend up 190 Grad Boven- un Unnerhitz vörbötten.
De Deeg in en ingesmeert, bemehlte Backförm geven un ruugweg 45 Minüten in Ovend backen.

Christa Stumpe

# Früchtebrot

Zutaten:

| | |
|---|---|
| 3 | Eier, |
| 125g | Zucker |
| 1X | Vanillinzucker |
| ½ Fl. | Rum Aroma (wahlweise etwas Rum) |
| 1 | Messerspitze. Zimt |
| 60g | gehackte Mandeln |
| 125g | gehackte Mandeln |
| 125g | gehackte Haselnusskerne |
| 125g | geschnittene Feigen |
| 125g | Zitronat |
| 250g | Rosinen |
| 125g | Mehl |
| 1 | gestrichener TL Backpulver |

Die Eier schaumig schlagen, Zucker und Vanillinzucker hinzufügen.
Das Ganze so lange schlagen bis die Massecremig wird (ca.15 min).

Die Gewürze, Mandeln, Haselnüsse, Feigen, Zitronat, Mehl und Backpulver unterrühren.

Den Teig in eine gefettete Kastenform füllen.

Bei 175-190° ca. 75-90 min backen (je nach Backofen)

Sabine Bach

## Pikanter Käsekuchen

Zutaten:
125g geriebener Käse (z.B. Tilsiter)
100g gewürfelten Schinken
100g Butter
3 Eier
100g Mehl
1 gestrichener TL Backpulver
1 TL Senf
1EL gehackte Kräuter
Pfeffer (nach Geschmack)
1TL Speiseöl
Paniermehl für die Form

Die Butter cremig rühren. Eier, Mehl, Backpulver, Käse, Schinken, Senf, Kräuter und den Pfeffer nacheinander hinzufügen.

Eine kleine Kastenform (oder Pastetenform) mit dem Speiseöl einfetten und mit Paniermehl austreuen. Die Käsemasse einfüllen und bei 180° Umluft (Gas Stufe 2-3) ca. 25 min backen.

Sabine Bach

# Mones Lieblingslebkuchen

| 200 g       | Margarine     |
|-------------|---------------|
| 1 Glas      | Honig         |
| 250 g       | Zucker        |
| 2           | Vanillezucker |
| 1 geh. Eßl  | Backkakao     |

erhitzen bis Zucker gelöst ist und erkalten lassen

| 1 kg        | Mehl          |
|-------------|---------------|
| 1           | Backpulver    |
| 2           | Eier          |
| 2 Teel.     | Zimt          |
| ½ Teel.     | Gem. Nelken   |
| ½ Teel.     | Gem.Kardamon  |

zusammen mit der Zucker-Magarinen-Mix verkneten und über Nacht zugedeckt stehen lassen,
am Folgetag ausrollen, Plätzchen ausstechen und 10-12 min bei 175°C backen mit Puderzuckerguss,ggf Speisefarbe und Plätzchendeko verzieren.

Simone Kühne

## Eingelegtes Gemüse

| | |
|---|---|
| 5 kg | Gemüse (Zucchini, Paprika, Möhren, Silberzwiebeln, Blumenkohl, Gurken) zerkleinert nach Wunsch |
| 350 g | Zucker |
| 1 Pn | Pfefferkörner |
| | Senfkörner nach Geschmack |
| 1 | Hand voll Salz |
| 5 | grosse Zwiebeln(wenn keine Silberzwiebeln dabei sind) |

Gemüse mit 1 l Essig benetzen und mit Wasser knapp bedeckt auffüllen
mit Dill, Meerrettich, Knobi und Peperoni würzen

1 Tag ziehen lassen, dann aufkochen,15 min kochen und in Gläser füllen

Simone Kühne

# Kürbisketchup

| | |
|---|---|
| 1 kg | Kürbis |
| 500 ml | Apfelessig |
| 400 g | Gelierzucker |
| 2 Teel. | Lebkuchengewürz |
| 2 Teel | Cayennepfeffer |
| 1 Teel. | Zitronenschale |

Kürbis kleinschneiden und 20 min im Essig kochen,pürieren und Gelierzucker mit Gewürzen dazu geben und gut verrühren,erhitzen und in Gläser füllen

## Endivien-Fenchel-Salat

1 Endiviensalat, 1 Fenchelknolle, Schnittlauch

waschen und kleinschneiden

| Soße: | |
|---|---|
| ¼ l | Sahne |
| 1 | Eigelb |
| | Salz und Pfeffer |
| 100 g | Nüsse(gemalen und gehackt) |

vermischen und mit Salat gut ziehen lassen

reichlich geröstete Weißbrotwürfel

2-3 Eßl Butter aufschäumen und 4 kleingehackte Knoblauchzehen mit erwärmen, Weißbrot dazu, aber erst kurz vorm servieren zum Salat geben

Simone Kühn

## Die Geschichte vom traurigen Löwenzahn,
der doch noch sein Happy End fand

Es war einmal ein kleiner Löwenzahn auf einer großen Wiese. Er war sehr traurig, denn die meisten Menschen mochten ihn und seine Geschwister nicht und beschimpften ihn als "Unkraut". Bis eines Tages Jan-Malte kam. Er nahm ihn und 699 seiner Geschwister, rupfte ihnen die Stängel ab und legte ihn in eine Schüssel. Als alles fertig war, badete er die Löwenzahnköpfe in einem großen Edelstahltopf zusammen mit 2 Liter feinstem Leitungswasser und etwas Zitronensaft. Zuerst war das Badewasser lausig kalt, aber plötzlich wurde ihnen heiß und er ließ ihn wirklich 30 Minuten in dem heißen Wasser. Später legte er die Löwenzahnköpfe auf ein Tuch und drückte ihn ganz dolle(lieb). Übrig blieb das Badewasser. In dieses Badewasser schüttete er 5 Kg Zucker und lies es 1 Stunde köcheln. In der Zwischenzeit spülte er viele Gläser und Deckel. Jetzt war die Zeit gekommen, das das Badewasser in Gläser gefüllt werden sollte. Das Badewasser wurde in 19 Gläsern verteilt. Hier ist der kleine Löwenzahn nun drin und nun mögen ihn plötzlich wieder Alle gerne

Also Happy End

Simone Kühn

# Eine Satire: Die Tyrannei der roten Fäden

Wenn etwas meine ostfriesische Ruhe stört, dann ist es ein Kleidungsstück. Nicht irgendeins. Sondern dieses. Ich mochte Erichs grünen Pullover noch nie. Der Mann hat überhaupt ein Farbverständnis wie ein erblindeter britischer Kavallerieoffizier. Er trägt geblümte Krawatten zu gestreiften Hemden. Ganz locker! In Farbtönen, die zu beschreiben auch der gefinkelteste Philologe stammelnd versagen würde. Und so weiter. Ich habe erlebt, dass gestandene Auricher Frauen bei seinem Anblick in günstigen Fällen ohnmächtig wurden. In ungünstigen mußten sie sich nach kapitalen Schreikrämpfen in ärztliche Behandlung geben. Aber lassen wir das. Nun also; der grüne Pullover. Er hat etwas Giftiges und ich hasse ihn! Erich weiß das und trägt ihn deshalb möglichst oft. Auch neulich wieder, als er „mal eben kurz auf ein Bier" zu mir kam. Ich bitte Sie, es war heller Wallinghausener Nachmittag. Um diese Zeit trinke ich prinzipiell keinen Alkohol. Nach der fünften Flasche ging es mir besser. Ich konnte den Anblick seines Pullovers ohne Brechreiz ertragen.

Es war schon weit nach Mitternacht, als mich irgendetwas zu stören begann. Erich hatte gerade die zweite Kiste Bier aus der Vorratskammer gewuchtet (der Mann kennt sich bei mir aus!), und war, in Vorfreude schwelgend, mit wohligem Gestöhne auf unser Sofa gesunken, als ich das deutliche Gefühl anarchischer Unordnung hatte. Dann sah ich den Grund. Und wies auf seine Schulter.

„Wass`n dasss!" fragte ich undeutlich, meine Zunge war schon leicht angeschwollen. Erich sah meine Hand nicht, jedenfalls achtete er nicht darauf, sondern spähte suchend durch den Raum.

„Wo?"

„Auffer Schulter!" sagte ich.

„Huch!" sagte Erich, von dem ich Ihnen noch berichten muß, daß er zu Albernheiten neigt. Nun ja. Dieser wertvolle Dialog zog sich hin, Einzelheiten will ich Ihnen ersparen. Also kurz und gut: Erich hatte einen dicken roten Wollfaden auf seinem hässlichen Pullover. Weiß der Teufel, woher. Weiß der Geier, warum. Stellen Sie sich vor. Rot auf Grün!

„Doch schick!" sagte Erich, und dann nahm er den Wollfaden und warf ihn auf den Boden. Einfach so. Erich. Den Faden. Auf den Boden. In meinem Wohnzimmer. Ich schrie ihn nicht an, jedenfalls nicht lange, denn es ging auf sechs Uhr morgens und meine Frau mag es nicht, wenn ich um diese Zeit ausführlich schreie. Ich hob den Wollfaden auf und steckte ihn in die Hosentasche. Schon als ich ihn anfasste, hatte ich ein seltsames, ungutes Gefühl. Er fühlte sich irgendwie klebrig an, auf seltsame Weise widerspenstig, wenn Sie wissen, was ich meine. Er wollte nicht von meiner Hand. Umso verdächtiger die einfache, ja lässige Art, in der sich Erich von ihm trennte: Er schnippte ihn einfach weg, wie einen toten Regenwurm. Ich weiß noch ganz genau, daß ich den Faden im Bad aus der Hosentasche angelte und ihn dort, zugegeben mit einigen Schwierigkeiten, denn er wollte sich partout nicht lösen, in den Eimer für gebrauchte Toilettenartikel gab. Am nächsten Morgen, also knapp zwei Stunden später, lag der Faden rot und fett auf den Fliesen. Dabei wußte ich genau, ich hatte ihn in den Eimer geworfen. Zum Donnerwetter! Ich machte auf dem Weg zum Waschbecken einen eigentlich unnötigen Abstecher zum Eimer und trat in voller Absicht auf den Faden.

„Na, mein Kleiner. Wie mundet dir das?" fragte ich mit grimmigem Lächeln.

Der Faden antwortete nicht, obwohl ich glaubte, ein kurzes Quietschen gehört zu haben, aber das ist natürlich Einbildung. Pure Phantasie. Das Ergebnis überreizter Nerven nach zu wenig Schlaf im Anschluß an überflüssig feuchte, lange Gespräche mit zweifelhaften Herren in hässlichen, grünen Pullovern. Ich nahm den Faden auf und warf ihn in den Toiletteneimer. Machte den Deckel zu. Hob den Deckel nochmals an, um mich zu vergewissern, und da lag er, rot und dick. Warf den Deckel rasch zu, denn man weiß ja nie, und ging frühstücken. Als ich Platz nahm, sah ich an der Bluse meiner Frau einen roten, dicken Strich. Ich spürte, wie mein Puls in die Höhe ging.

„Was hast du da?" fragte ich flach. Sie sah erstaunt auf.

„Huch! Einen roten Wollfaden!" sagte sie, nahm den Faden ab und warf ihn in den Küchenabfall. Ich sagte nichts mehr, aber das Frühstück schmeckte mir nicht. Eine Stunde später lag der rote Faden im Wohnzimmer auf dem Teppich. Ich schob den Staubsauger und sah ihn schon von weitem.

„Dieses Mal, mein Kleiner, entkommst du mir nicht!" knirschte ich mit zusammen-gebissenen Zähnen und blickte in das erstaunte Gesicht meiner Frau, die soeben das Zimmer betreten hatte.

„Wen meinst du?"

„Den da! Diesen miesen, kleinen, dicken, roten Schweinehund!" schrie ich aus vollem Hals und schob die Düse genussvoll nach vorn. Ich schwöre Ihnen, der Faden bewegte sich. Er versuchte, davon zu kriechen! Er krallte sich im Teppich fest, mit allem was er hatte, und ich mußte tatsächlich auf 1000 Watt Leistung gehen, um ihm endlich den Garaus zu machen. Bevor er verschwand, warf er mir einen Blick zu, den ich nicht vergessen werde.

Erich, dem ich Tage später davon erzählte, tippte sich an die Stirn.

„Du bist ja nicht mehr ganz hoppla, mein Lieber! So ein Blödsinn!" sagte er. Mir war klar, dieser Hund verstellte sich. Spielte seine Rolle! Ich schwieg dazu. Wenn Sie mich fragen, handelt es sich um eine glasklare Verschwörung. Eine Kabale mit dem Ziel, mich fertig zu machen. Ich werde Erich zur Rede stellen. In allernächster Zeit! Wahrscheinlich schon kommenden Monat oder wann. Lassen Sie mich aber zuvor diesen hässlichen roten Wollfaden von Ihrem hübschen, grünen Pullover entfernen.

Lothar Englert

Verzeichnis der Personen, die Rezepte und Geschichten für dies Buch zur Verfügung gestellt haben.

Simone Kühn
Sabine Bach
Christa Stumpe
Jörg Strenge
Monika Müller
Helma Gerjets
Herta Hinrike Christine Bleeker
Beate Kruse
Gerlinde Reiter
Elfriede Hippen
Melanie Maas
Margarete Köster
Christa Stumpe
Waltraud Meyer
Therese und Lothar Englert
Michaela Bohl
Kea Ellée
Marieluise Stolper
Gerlinde Broich
Ramona Redenius
Christa Everts
Anja M. Bünting
Hartwig R. Blecher
Heike Malina-Dieter
Helga Grünefeld
Waltraut Klock
Hans Klock
Astrid Reimann
Elke Viet

**Allen einen herzlichen Dank.**

# Platz für eigene Rezepte oder Notizen: